BARBARA BERCKHAN

WAHRE STÄRKE MUSS NICHT KÄMPFEN

Überraschend einfache
Wege für mehr Kraft
und Souveränität

DIE STÄRKE, DIE AUS DER RUHE KOMMT

DIE STÄRKE, MIT DER SIE SICH SOUVERÄN ZEIGEN

MACHEN SIE SICH
STARK

»Wie kann ich innerlich stark sein?«

Als mir vor fünf Jahren einer meiner Seminarteilnehmer diese Frage stellte, wusste ich zunächst keine Antwort darauf. Ich glaube, ich habe damals ziemlich dumm aus der Wäsche geguckt. Was, um Himmels willen, bedeutet denn »stark sein«?

Stark sein – das sagt sich so leicht. Aber ich, als Kommunikationstrainerin, fragte sofort: »Wie sieht dieses Stark-sein genau aus?« Nein, es ging nicht um dicke Muskeln und schnelle Reflexe. Mein Seminarteilnehmer wollte keine Superkräfte haben, um böse Schurken zu bekämpfen. Er wollte nur: »… nicht so schnell einknicken und sich selbst mehr nach vorn bringen.«

Die übrigen Seminarteilnehmer nickten mit dem Kopf. Das konnten alle nachvollziehen und die anderen wollten auch diese Stärke haben. Ich bekam noch mehr Hinweise:

»… sich nicht immer ausbremsen lassen.«

»… die eigenen Talente nach vorne bringen und kreativer leben.«

»… mehr Rückgrat zeigen, wenn man angegriffen wird.«

»… nicht immer nur funktionieren.«

»… dem Burnout die kalte Schulter zeigen.«

»... sich nicht ständig aufopfern.«

»… sein eigenes Ding finden und das auch durchziehen können.«

Damals hatte ich ein solides Trainingspaket im Angebot, bei dem es um Selbstsicherheit, Selbstbehauptung und Durchsetzungsstrategien ging. Das fanden meine Teilnehmer sehr brauchbar, aber es traf nicht ganz ihren Wunsch nach »innerlich stark sein«. Was immer auch diese innere Stärke ist, die eigene Selbstsicherheit gehört zweifellos dazu. Aber das ist nicht alles. Innere Stärke besteht aus *mehr*. Es geht um mehr als nur darum, die eigene Person selbstsicher zu präsentieren. Wer innerlich stark ist, schafft es, sein eigenes Leben selbst zu gestalten, statt sich nur anzupassen. Dazu gehört eine unerschütterliche Klarheit, die auch dann noch spürbar ist, wenn es um einen herum kriselt. Innere Stärke bedeutet, mehr Ruhe zu bewahren, wenn es schwierig wird, und sich noch mehr an etwas Neues heranzuwagen. Es hat ein paar Jahre gedauert, bis ich dieses *Mehr* trainierbar gemacht hatte.

DAS DREIECK
DER MAXIMALEN STÄRKUNG

Wenn Sie mich heute danach fragen, wie Sie innerlich stark werden können, gucke ich nicht mehr ganz so dumm aus der Wäsche. Ich nicke Ihnen freundlich zu und antworte: »Das kann ich Ihnen zeigen.« Genau das tue ich mit diesem Buch.
Um es gleich vorwegzusagen: Ich bin ein sehr praktisch veranlagter Mensch. Ich habe nichts gegen wohlklingende Kalendersprüche oder allgemeine Weisheiten, aber wir brauchen weit mehr als schöne Worte, um in unserem Alltag tatsächlich stark zu sein. Wir brauchen dazu handfeste Strategien, Methoden und Techniken. Etwas, das wir tatsächlich tun und umsetzen können.
Sie lernen drei sehr handfeste Eckpunkte kennen, aus denen unsere innere Stärke besteht. Und diese drei Eckpunkte ergeben zusammengesetzt ein Dreieck. Genauso ist dieses Buch auch gegliedert. Es besteht aus drei Teilen: Jeder Teil behandelt einen dieser Eckpunkte.

Die Reihenfolge spielt dabei eine wichtige Rolle. Ich fange da an, wo alles beginnt: bei dem, was Ihnen wichtig ist, bei dem, wofür Sie sich stark machen wollen.

Im ersten Teil stellen Sie fest, was für Sie passend ist und wie Sie das Passende in Ihr Leben bringen können. Sie lernen den »Dreisatz der Gestaltung« kennen. Damit können Sie sofort herausfinden, was »Ihr Ding« ist. Zu wissen, was Sie wollen, und sich dafür auch einzusetzen macht Sie stark. Sie sind nicht länger das Opfer widriger Umstände. Sie gestalten Ihr Leben so, wie es für Sie passend und richtig ist. Egal, ob es sich dabei um einen neuen Job, ein Wohnprojekt, eine Familienfeier oder um eine Weltreise handelt – Sie wissen, was Sie begeistert. Genau das können Sie auch verwirklichen.

Im zweiten Teil geht es um die Stärke, die aus der Ruhe kommt. In uns allen gibt es ein Tor zur inneren Ruhe. Das ist gleichzeitig auch das Tor zu unserer Unbegrenztheit. Sie können es leicht öffnen, indem Sie sich regelmäßig still hinsetzen und alles loslassen. Sie kennen diese Methode unter dem Begriff Meditation. Ich stelle Ihnen verschiedene Arten vor, damit Sie sich die Meditationen aussuchen, die zu Ihnen passen. Wenn Sie regelmäßig meditieren, werden Sie sich stabiler fühlen und sich mehr zutrauen. Sie kommen besser mit der Angst und der Unsicherheit klar, der Sie begegnen, wenn Sie etwas Neues anpacken. Das regelmä-

DAS LEBEN GIBT DENEN AM MEISTEN, DIE DAS MEISTE AUS DEM MACHEN, WAS DAS LEBEN IHNEN GIBT.

RUSS HARRIS (ACT-COACH, PSYCHOTHERAPEUT UND AUTOR)

ßige Meditieren hat noch eine Nebenwirkung: Sie unterbrechen damit Ihr übliches, gewohntes Denken und öffnen sich für gute Ideen und kreative Einfälle. Als Krönung des Ganzen gibt es auch mehr Zufälle in Ihrem Alltag. Das ist ein großer Korb voller Vorteile für Sie. Das alles bekommen Sie, indem Sie regelmäßig still sitzen und alles loslassen.

Im dritten Teil erfahren Sie, wie Sie stark auftreten und sich mehr Einfluss verschaffen können. Dabei geht es um die Kommunikation mit anderen Menschen. Sie erfahren, wie Sie aus der Selbstverkleinerung herauskommen und wie Sie verhindern, dass andere Leute Sie herumschubsen. Dabei helfen Ihnen Strategien, mit denen Sie sich in eine souveräne Haltung bringen. Aber auch durch einfaches Fragen und Bitten können Sie mehr von dem bekommen, was Sie wollen. Ich zeige Ihnen hier auch, wie Sie entspannter mit Kritik und Ablehnung fertig werden. Und wie Sie bei schwierigen Gesprächen stark bleiben können, ohne die Nerven zu verlieren. Wille, Ruhe und Souveränität – diese drei Eckpunkte Ihrer Stärke bauen aufeinander auf. Zusammen ergeben sie das Dreieck der maximalen Stärkung.

Bei allem, was Sie in diesem Buch lesen werden, ist mir eines sehr wichtig: Ich möchte, dass es Ihnen gut geht. Die Strategien und Übungen in diesem Buch dienen Ihrer Stärkung. Falls es Ihnen aber so vorkommt, dass eine Übung oder eine Strategie für Sie unpassend ist oder Ihnen nicht guttut, dann lassen Sie die Finger davon. Machen Sie nur das, was Sie auch verantworten können, was Sie als gut und richtig empfinden. Den Rest lassen Sie einfach stehen.

Ich wünsche Ihnen viel Spaß und viel Inspiration beim Lesen

Ihre

Barbara Berckhan

WAS SIE WIRKLICH WOLLEN, MACHT SIE STARK

Sie wollen selbst die treibende Kraft in Ihrem
eigenen Leben werden, statt sich nur anpassen zu müssen.
Sie wollen etwas in Ihrem Leben verwirklichen,
das für Sie passend ist und das Sie begeistert.
Sie wollen Ihre Vision finden und leben.

WAS IST DAS PASSENDE
FÜR SIE?

Lassen Sie uns das Wollen kurz näher betrachten. Sie und ich – wir wollen allerlei, wenn der Tag lang ist. Vielleicht wollen wir im Lotto gewinnen, auf Rosen gebettet werden und eine Hose finden, die am Hintern gut sitzt. Dieses Wollen ändert sich schnell. Es kommt und geht mit dem, was der Alltag so mit sich bringt.

Ich will aber auf ein tieferes Wollen hinaus. Eines, das mit dem verbunden ist, was für Sie authentisch und stimmig ist. Und das kennen Sie auch. Vielleicht ist dieses Wollen nicht ganz so präsent wie Ihre sonstigen Alltagswünsche. Bei manchen Menschen versteckt es sich tief innen in ihrem Herzen, ganz weit hinten in ihrem Hinterkopf. Es lohnt sich, dort ein wenig tiefer zu graben.

Nehmen Sie sich einen Augenblick Zeit und überlegen Sie: Neben all den vielen Dingen, die Sie gern hätten, gibt es da etwas, das Sie entscheidend voranbringen würde? Etwas, das für Sie richtig und passend wäre? Gibt es etwas, das der nächste Schritt in Ihrer Entwicklung sein sollte? Neben all dem Krimskrams und den vielen Ablenkungen – was wollen Sie eigentlich wirklich?

TROTZ ERFOLG IM BERUF UNZUFRIEDEN?

Ich erinnere mich noch sehr gut an Julia. In meinen Selbstsicherheitstrainings war sie drei Jahre lang so etwas wie ein Stammgast. Sie hatte Karriere gemacht. Sie fing im Büro als einfache Schreibkraft an, aber mittlerweile war sie im Lauf der Jahre zur Büroleiterin aufgestiegen. Trotzdem war Julia unzufrieden. Sie war sogar extrem unzufrieden. Bei mir wollte sie nun lernen, noch selbstsicherer zu werden. Damals war Julia davon überzeugt, mehr Selbstsicherheit würde ihr helfen und sie aus der Unzufriedenheit erlösen.

Das Merkwürdige an der Sache war, dass Julia in meinen Augen total selbstsicher wirkte. In den Trainingsseminaren stand sie immer im Mittelpunkt. Sie redete gerne viel, laut und ungebremst. Sie sprach darüber, was sie alles an ihrem Job nervte. Und das war eine Menge: Sie hatte Schwierigkeiten mit einigen Kolleginnen und manche Kunden waren ihr viel zu unhöflich und respektlos. Ihr Vorgesetzter, so behauptete Julia, führte sich auf, als wäre er Napoleon persönlich. Julia hatte an allem und jedem etwas auszusetzen. Obwohl sie in ihrem Job so viel erreicht hatte, war sie unglücklich.

Ich packte also meine besten Durchsetzungsstrategien aus und fing an, mit ihr zu trainieren, was das Zeug hielt. Für Julia war das aber alles immer zu wenig. Immer fehlte noch ein Baustein, der in ihren Augen unglaublich wichtig war. Deswegen tauchte sie auch immer wieder in schöner Regelmäßigkeit in meinen Trainingsseminaren auf. Sie brauchte Nachschub – noch mehr Selbstsicherheit. Sie wollte noch besser kämpfen, sich noch besser durchsetzen können.

JEDE GROßE SCHWIERIGKEIT BIRGT IN SICH IHRE EIGENE LÖSUNG. SIE ZWINGT UNS ZUM UMDENKEN, DAMIT WIR DIESE FINDEN KÖNNEN.

NIELS BOHR (PHYSIK-NOBELPREISTRÄGER)

DAS EIGENE GESTALTEN, STATT IMMER NUR ZU KÄMPFEN

Um die Wahrheit zu sagen: In Bezug auf Julia war ich damals mit meinem Latein am Ende. Was sollte ich dieser Frau noch beibringen? Bei Julia ging es eindeutig nicht darum, noch mehr zu kämpfen und noch selbstsicherer zu werden. Julia brauchte etwas anderes.

Deshalb probierte ich zum ersten Mal etwas Neues aus. Ich zeigte Julia eine einfache Methode, mit der man aus der Unzufriedenheit rauskommt und das Passende in sein Leben bringen kann. Diese Methode heißt: Dreisatz der Gestaltung.

Bisher hatte ich diesen Dreisatz der Gestaltung nur für mich ganz allein, im Privaten und im stillen Kämmerlein genutzt – und es hat immer großartig funktioniert. Ich hatte das Ganze noch nie in einem Trainingsseminar präsentiert. Da ich aber bei Julia einfach nicht weiterwusste, habe ich es ausprobiert. Und … Überraschung: Für Julia war dieser Dreisatz der Gestaltung genau das Richtige. Es war das, was sie eigentlich immer gesucht hatte. Ich war echt erleichtert.

DAS PASSENDE GEFUNDEN UND DIE SONNE GEHT AUF

Der erste Satz oder genau gesagt der erste Teil in diesem Dreisatz der Gestaltung lautet: Statt weiterhin im Problem zu wühlen – finde deine Vision. Stell dir vor, was für dich das Passende wäre. Stell dir das Resultat vor, das dich begeistert.

Genau damit fing ich an. Ich bat Julia, sich die Arbeit vorzustellen, die sie sich von Herzen wünschte, mit allem Drumherum. »Bitte nehmen Sie sich ein paar Minuten Zeit und überlegen Sie in Ruhe. Wenn Sie alles bekämen, was Sie sich wünschen, wie würden Sie gern arbeiten? Was wäre Ihr idealer Job, der Sie wirklich begeistert?«

Julia wurde ganz still. Sie dachte nach. Und dann ging in ihrem Gesicht die Sonne auf. Zum ersten Mal, seit ich sie kannte, strahlte sie. Sie beugte sich nach vorn, warf die Arme hoch und sagte euphorisch: »Am allerliebsten würde ich in Rom arbeiten! Ich liebe Rom! Diese Stadt ist der Traum meines Lebens. Ich arbeite gern als Büroleiterin, aber das möchte ich in der schönsten Stadt der Welt tun. Ich möchte so gern in Rom leben und arbeiten.«

Diese Antwort verblüffte mich ein wenig. Aber jeder, der das mitbekam, konnte deutlich spüren: Julia war Feuer und Flamme. Leben und arbeiten in Rom, das war das Passende für sie.

Plötzlich machte alles einen Sinn. Ich verstand nun endlich, warum sie so unzufrieden war. Julia war im Herzen eine Römerin. Eine leidenschaftliche Römerin. Das war das Passende für sie. Genau das war ihr nächster Entwicklungsschritt. Ihr Festhalten am alten Job, das Ausharren und Kämpfen bedeutete für sie einen einzigen Frust. Alles, was sie in ihrem alten Job störte, war eigentlich nur ein Fingerzeig, der ihr immer wieder klarmachte: Das hier passt nicht mehr zu dir. Geh jetzt weiter und folge deiner Bestimmung.

WENN EINE VISION REALITÄT WIRD

Was Julia fehlte, war nicht mehr Selbstsicherheit. Ihr fehlte das Knowhow, mit dem sie das verwirklichen konnte, was wirklich zu ihr passte. Der Dreisatz der Gestaltung war genau dieses Know-how. Es war die Methode, mit der Julia sich weiterentwickeln konnte.

WIDERSTAND GEGEN UNANGENEHME UMSTÄNDE
HAT DIE MACHT, DIESE UMSTÄNDE
SEHR LANGE ZEIT AM LEBEN ZU ERHALTEN.

PEMA CHÖDRÖN (BUDDHISTISCHE NONNE UND SCHRIFTSTELLERIN)

Julia fing an, sich an ihren Romtraum heranzupirschen. Dabei wurde sie, wie sie selbst sagte, ein anderer Mensch. Sie fühlte sich stärker und gelassener. Sie richtete ihre Aufmerksamkeit mehr auf das, was sie wollte. Statt sich nach Feierabend über ihre Kolleginnen und ihren Vorgesetzten zu ärgern, frischte sie ihre Italienisch-Sprachkenntnisse auf. Sie sah ihren Alltag mit neuen Augen und suchte nach Möglichkeiten, wie sie ihrer Vision näher kommen könnte. Dabei stellte sie fest, dass in der Firma ein gebürtiger Italiener arbeitete. Ein Teil seiner Familie lebte immer noch dort. Mit diesem Mann verbrachte Julia ihre Mittagspausen. Sie fragte ihn aus, holte sich von ihm viele Tipps und später half ihr seine Familie bei der Wohnungssuche in Rom.

Julia blühte auf. Sie wusste, was sie für sich wollte, und das holte sie sich schrittweise in ihr Leben. Ihr Traum war keine Spinnerei mehr, sondern ein ganz realistisches Vorhaben. Die Nervereien in ihrem Job perlten an ihr ab. Sie fühlte sich endlich stark, klar und in ihrer Kraft.

Julia war nicht mehr zu bremsen. Ihre Vision gab ihr mehr Energie. Sie traute sich weit aus ihrer bisherigen Komfortzone heraus.

Nach fast zwei Jahren bekam ich von Julia mehrere Postkarten aus Rom. Sie hatte dort einen Job gefunden. Und nach langem Suchen auch eine Wohnung. Aber vor allem hatte sie ihre wahre Stärke entdeckt. Julia hatte erkannt, dass sie immer und überall das gestalten kann, was zu ihr passt. Und dass sie das stark und glücklich macht. Am Ende steht eine einfache Erkenntnis: Wenn wir das gestalten, was jetzt für uns dran ist – der nächste Entwicklungsschritt –, werden wir stärker. Wir leben im Einklang mit dem, was sich durch uns ausdrücken will.

STÄRKE IST, ...

die eigene Energie dem zu geben, was wirklich wichtig ist.

DER DREISATZ
DER GESTALTUNG

Der Dreisatz der Gestaltung ist eine einfache Methode, die Ihnen hilft, sich das Leben aufzubauen, das für Sie stimmig ist und das Sie begeistert. Ich erläutere Ihnen diese Methode in diesem Kapitel noch ausführlich, damit Sie gleich mitmachen können. Hier kommt zunächst ein kurzer Überblick. Dieser Dreisatz besteht, wie der Name schon sagt, aus drei Teilen oder kurz gefasst aus drei Sätzen:

1. SATZ: FINDEN SIE IHRE VISION.

Nehmen Sie ein Problem oder eine Unzufriedenheit, die Ihnen zu schaffen macht, und richten Sie Ihre Aufmerksamkeit auf das, was Sie stattdessen wollen. Überlegen Sie in Ruhe, was für Sie nun das Beste wäre. Was würde Sie denn begeistern? Was möchten Sie in Ihr Leben ziehen? Dann stellen Sie sich dieses beste Ergebnis so deutlich vor, als hätten Sie es bereits verwirklicht. Schwelgen Sie von vollem Herzen in Ihrer Vision und lassen Sie sie vor Ihrem geistigen Auge richtig lebendig werden. Wenn es Sie voll und ganz begeistert, ist es das Passende für Sie – und dann können Sie es auch in Ihr Leben bringen.

2. SATZ: CHECKEN SIE DAS, WAS SIE JETZT SCHON HABEN.

Stellen Sie fest, wo Sie zurzeit stehen und was Ihnen bereits für die Umsetzung Ihrer Vision zur Verfügung steht. Machen Sie anschließend eine gründliche Inventur und finden Sie heraus, wie weit Sie im Moment noch von Ihrer Vision entfernt sind:

→ Welche Kontakte und Ressourcen stehen Ihnen aktuell zur Verfügung?

→ Wie sieht es mit Geld und Zeit aus?

→ Auf was können Sie jetzt schon zurückgreifen?

→ Wo gibt es noch eine Lücke?

Nun haben Sie zwei Punkte: Sie wissen, wo Sie stehen und was Sie haben. Das ist Ihr Ausgangspunkt. Und Sie wissen, wie Ihre Vision aussieht. Das ist das Endresultat, das für Sie passend wäre. Zwischen Ihrem Ausgangspunkt und dem Endresultat liegt Ihr Weg.

3. SATZ: WERDEN SIE AKTIV.

Überlegen Sie nun, wie Sie Ihre Vision Schritt für Schritt verwirklichen können. Wenn Ihre Vision Sie wirklich begeistert, wirkt sie wie ein Magnet: Sie werden von ihr förmlich angezogen. Sie sind richtig motiviert, weil das, was Sie anstreben, passend und richtig für Sie ist. Deshalb es Ihnen leicht fällt, etwas dafür zu tun. Was können Sie in den nächsten Tagen machen, um Ihrer Vision näher zu kommen? Und womit können Sie sofort anfangen?

DAS JAMMERN HAT EIN ENDE

Ich bin heilfroh, dass ich diese Methode so früh in meinem Leben kennengelernt habe. Mit diesem Dreisatz habe ich meinen Beruf gefunden und mich selbstständig gemacht. Mit ihm habe ich Bücher geschrieben, Trainingskonzepte und Vorträge entwickelt. Der Dreisatz der Gestaltung hat mir geholfen, das Haus zu finden, in dem ich wohne, mir Bewegung zu verschaffen, mich gesund zu ernähren und vieles andere mehr. Seit ich diesen Dreisatz kenne und auch anwende, stehe ich mit beiden Beinen auf der Erde. Ich weiß, dass ich den Veränderungen, die von außen kommen, nicht hilflos ausgeliefert bin. Und was tun Sie mit Ihrer Lebensenergie? Haben Sie eine Vision? Gestalten Sie das, was Sie begeistert? Oder beschweren Sie sich noch?

KRAFTSPENDER

POWER PUR: DER DREISATZ

- Mit dieser Methode entkommen Sie jeder Krise und erholen sich von jedem Schicksalsschlag. Auch wenn es Ihnen so vorkommt, als seien Sie zeitweise in einem Albtraum gefangen – Sie erlösen sich daraus, indem Sie Ihre Vision finden und diese dann schrittweise verwirklichen.

- Probleme und Schwierigkeiten zeigen Ihnen, dass es etwas Unpassendes für Sie gibt. Sie erleben etwas, das für Sie nicht stimmig ist und danach schreit, dass Sie es neu gestalten. Jedes Ihrer Probleme fordert Sie auf: »Fang endlich an, das zu gestalten, was für dich richtig und passend ist.«

- Durch den Dreisatz der Gestaltung werden Sie optimistischer und gelassener, selbst dann, wenn Ihr Ziel noch weit entfernt ist. Ihre Aufmerksamkeit hat jetzt eine neue Richtung eingeschlagen. Die Nervereien anderer Menschen sind für Sie keine Sensation mehr, denn Ihre Vision ist für Sie viel wichtiger. Sie können das Unwichtige vom Wichtigen trennen und gehen viel fokussierter durch Ihren Alltag.

- Sie müssen nie wieder hilflos oder mutlos sein. Sie können Ihr Leben selbst in die Hand nehmen. Egal, in welcher Misere Sie vielleicht feststecken, in Ihnen gibt es immer auch eine Lösung, einen Ausweg. Der Dreisatz der Gestaltung bringt es ans Licht.

- Bei dem Dreisatz geht es um *Ihren* nächsten Entwicklungsschritt. Es geht *nicht* darum, was Ihre Eltern sich für Sie wünschen oder was Ihre Freunde und Bekannten von Ihnen erwarten. Es geht auch nicht darum, was der Arbeitsmarkt hergibt, die Wirtschaft verlangt oder wofür gerade am meisten Werbung gemacht wird. Es geht nur darum, was für Sie jetzt passend wäre. Sie sind einmalig und Ihre Einmaligkeit will gelebt werden.

DIE FÜNF HÄUFIGSTEN IRRTÜMER UND WIE SIE DIESE VERMEIDEN

Ich möchte an dieser Stelle auch gleich ein paar Irrtümer ausräumen. Mit dem Dreisatz der Gestaltung können Sie viel bewegen. Dennoch gibt es auch Fallgruben, die Sie gut vermeiden können, wenn Sie sie kennen. Die fünf häufigsten Fallen sind:

NICHT IN DER ZUKUNFT, SONDERN IM HIER UND JETZT

Bei dieser Methode geht es nicht darum, unser Glück und unsere Zufriedenheit in eine ferne Zukunft zu vertagen nach dem Motto: Wenn ich das erreicht habe, wird es mir gut gehen. Nein, der Dreisatz der Gestaltung sorgt dafür, dass wir hier und jetzt unsere Aufmerksamkeit auf das richten, was uns wichtig ist. Heute beschäftigen wir uns mit dem, was zu uns passt und für uns stimmig ist. Wir richten unsere Aufmerksamkeit mehr auf das, was uns begeistert, als auf das, was uns quält. Dabei entwickeln wir uns weiter und entdecken Neuland. Wir tanzen mit dem Leben – genau hier und jetzt.

NICHT DAS MEHR, SONDERN DAS STIMMIGE

Beim Dreisatz der Gestaltung geht es auch auf gar keinen Fall darum, ständig immer noch mehr zu wollen. Wenn Sie, so wie ich, schon ein paar Jahrzehnte auf diesem Planeten leben, dann haben Sie sicher auch schon gemerkt, dass mehr von allem nicht unbedingt das Beste für Sie ist. Mehr Dinge um uns herum machen uns nicht glücklicher. Was wir aber wirklich immer brauchen, ist das Stimmige. Wir brauchen das, was genau zu uns passt. Nur darum geht es.

NICHT REAGIEREN, SONDERN AGIEREN

Dieses Leben ist *Ihr* Spielplatz. *Sie* allein entscheiden, was und wie Sie gestalten möchten. Sie müssen deshalb auch nicht darauf warten, dass andere Menschen Ihnen entgegenkommen. Sie müssen auch nicht darauf warten, dass sich die Gesellschaft, die Politik oder das Wirtschaftssystem Ihren Vorstellungen gemäß ändern. Sie selbst sind die Veränderung, die Sie gern erleben möchten. Machen Sie sich deshalb unabhängig und seien Sie allein die treibende Kraft in Ihrem Leben.

NICHT ANDERE ÄNDERN, SONDERN UNS SELBST

Mit Ihren Visionen können Sie Ihr eigenes Leben verändern. Aber das Leben anderer Menschen gehört nicht zu Ihrem Einflussbereich. Es gibt Visionen, die sind zum Scheitern verurteilt: Mein Mann soll mich endlich besser verstehen. Meine Schwiegermutter soll mich so akzeptieren, wie ich bin. Meine 19-jährige Tochter soll endlich die Ausbildung beenden, die sie angefangen hat. Das Handeln, Denken und Fühlen Ihrer Mitmenschen ist deren Angelegenheit, nicht Ihre. Sie können nur das verwirklichen, was Sie selbst in der Hand haben. Sie können für sich eine Vision entwickeln, bei der Sie sich in Gelassenheit üben. Eine Vision davon, wie Sie glücklich und entspannt bleiben, auch wenn Ihre Mitmenschen nicht immer das tun, was Sie sich wünschen.

NICHT MEHR LEISTUNG, SONDERN MEHR BEGEISTERUNG

Es geht nicht darum, dass Sie sich und anderen Menschen beweisen, wie viel Sie arbeiten können. Der Maßstab für Ihre Vision ist Ihre Begeisterung und nicht Ihre Leistungsfähigkeit. Es geht darum, wie sehr Sie Feuer und Flamme sind. Wie sehr Sie für das erglühen, was Sie gestalten wollen. Und das kann niemand von außen messen oder bestimmen. Das, was Sie von Herzen gern in Ihr Leben bringen wollen, kann eine Kleinigkeit sein. Vielleicht sogar etwas, das Sie spielend leicht erreichen können. Es ist unwichtig, wie groß oder klein Ihre Vision ist. Es geht nur darum, dass es jetzt für Sie das Passende ist. Das, was Sie für sich wollen. Durch das, was Sie begeistert, bekommen Sie automatisch sehr viel Energie und Tatkraft. Dabei kommt Ihre Motivation von innen, aus Ihnen selbst heraus. Das ist der Antrieb, den Ihnen kein anderer Mensch geben kann.

Wenn ich danach gehen würde, was mir Freude macht, würde ich gern

....

Wenn Geld kein Problem wäre, würde ich

....

ENTDECKEN SIE IHR EIGENES

Was würden Sie gern in Ihr Leben bringen? Wohin möchten Sie sich entwickeln? Seien Sie aufmerksam für das, was sich durch Sie entfalten möchte. Hier ein paar sehr gute Fragen, die Ihnen auf die Sprünge helfen. Ohne lange nachzudenken, vervollständigen Sie die nachfolgenden Sätze:

Eine Sache, die ich schon immer gern machen wollte, ist

....

Wenn ich sehr
selbstbewusst wäre,
würde ich

....

Ich möchte in
diesem Leben noch

....

Eine Vision, die ich
liebe, wäre für mich

....

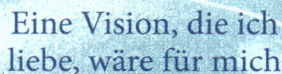

Wenn ich wüsste,
dass ich nicht scheitern
kann, würde ich

....

Wenn ich genügend
Zeit hätte, würde ich

....

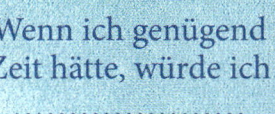

TRAINIEREN SIE IHREN
VISIONSMUSKEL

Jetzt möchte ich Ihnen den Dreisatz der Gestaltung genauer vorstellen. Dabei gebe ich Ihnen gleich ein paar konkrete Übungen und Strategien an die Hand. Ich habe das Ganze so geschrieben, dass Sie – wenn Sie wollen – gleich mitmachen können.

Der erste Satz bei diesem Dreisatz der Gestaltung lautet: *Stell dir das vor, was du gern in dein Leben bringen möchtest. Mache dir eine Vision von dem Resultat, das dich wirklich begeistert.*

Sie fragen sich vielleicht: »Was ist eine Vision? Das klingt so groß, so unerreichbar.« Tatsächlich ist es viel einfacher: Ich benutze das Wort in diesem Buch sehr oft, weil es so schön kurz ist. Korrekter, aber auch langatmiger wäre diese Umschreibung: Mit »Vision« meine ich eine Vorstellung von einem gewünschten Endresultat. Dieses Endresultat oder dieser Endzustand passt zu Ihnen und begeistert Sie. Sie können sich dieses Endresultat bildlich, gefühlsmäßig, vielleicht sogar akustisch, geschmacklich oder geruchlich vorstellen.

MIT KLEINEN VISIONEN ANFANGEN

Ihre Idee muss nicht immer lebensverändernd, groß und mächtig sein. Nein, den Dreisatz der Gestaltung können Sie auf alles anwenden, was Sie verändern, gestalten oder neu erfinden wollen. Auch für das Kleine und Alltägliche können Sie sich eine Vorstellung machen:

Sie können heute eine Vision für Ihr Abendessen entwickeln. Das kann ein Gericht sein, bei dem Sie ein selbst erfundenes Rezept ausprobieren. Oder Sie machen sich ein inneres Bild von Ihrem Keller, den Sie entrümpeln, um sich dort ein kleines Mal- und Bastelatelier einzurichten. Vielleicht haben Sie eine Vision von einer passenden Hängelampe für Ihren Esstisch und Sie kommen auf die Idee, diese Lampe selbst zu bauen, um genau die richtige Beleuchtung zu bekommen. Oder Sie fangen an, Ihre Gedichte aufzuschreiben, um sie vielleicht später einmal bei einem Poetry-Slam vorzutragen. Vielleicht besteht Ihre Vision darin, Geld zu sparen, indem Sie mit anderen Eltern die Kinderkleidung tauschen, aus der die Kleinen rausgewachsen sind. Egal, wie groß oder klein Ihre Ideen sind, es fängt damit an, dass Sie sich das vorstellen können, was Sie erfreut und was für Sie passend ist. Bauen Sie Ihren Visionsmuskel auf.

ALLES DARF SEIN

Aber vorweg ein wichtiger Tipp: *Überlegen Sie bitte jetzt noch nicht, wie Sie Ihre Vision verwirklichen können.* Denn wenn Sie zu früh darüber nachdenken, wie Sie das alles erreichen können, sabotieren Sie Ihre Vorstellung. Die Frage, wie Sie das alles hinbekommen, ist später an der Reihe. An dieser Stelle geht es darum, dass Sie Ihre volle Visionskraft entwickeln. Sie lassen sich selbst wissen, was Sie sich wünschen, was Ihr Eigenes ist – ohne sich dabei zu beschränken oder auszubremsen. Lassen Sie sich am Anfang viel Zeit, damit sich das Bild ganz und gar zeigen kann. Ihre Ideen brauchen vor allem Ihre freundliche Neugier. Was will sich da entfalten? Was beginnt zu keimen?
Gehen Sie respektvoll mit dem um, was Ihnen in den Sinn kommt. Üben Sie sich in Sanftheit und Achtsamkeit mit Ihren Vorstellungen. Verbannen Sie die innere Schere aus Ihrem Kopf.

MACH DIRS WEIT DARIN.
RÜHR WAS HERRLICHES AN.

RAINER MARIA RILKE (DEUTSCHER DICHTER)

FINDEN SIE IHRE VISION – JETZT!

- **Nehmen Sie sich bewusst Zeit für sich** und suchen Sie sich einen Ort beziehungsweise einen Raum, wo Sie ganz und gar ungestört sind.

- **Lassen Sie den Alltagskram innerlich los.** Atmen Sie dazu ein paar Mal tief ein und aus in Ihrem Rhythmus und gehen Sie in einen aufmerksamen und warmherzigen Zustand. Seien Sie dabei sanft und voller Mitgefühl für sich selbst. Öffnen Sie Ihren Geist und Ihr Herz.

- **Die folgenden Fragen sind Türen zu dem, was sich bei Ihnen entwickeln und zeigen will.** Wenn Sie im Moment mit einer von ihnen nichts anfangen können, dann macht das überhaupt nichts. Gehen Sie dann ganz einfach zur nächsten Frage. Alle versuchen von verschiedenen Seiten das einzukreisen, was für sie stimmig und passend ist:

  Was würden Sie in Ihrem Leben ab sofort anstreben, wenn Sie das nötige Selbstvertrauen dazu hätten?

  Was würden Sie tun, wenn Sie genau wüssten, dass Sie auf gar keinen Fall scheitern können?

  Was begeistert Sie so sehr, dass Sie es gern erleben möchten?

- **Lassen Sie jede Frage wirken.** Dann darf alles, was Ihnen in den Sinn kommt, sich entfalten. Alle Ihre Ideen und Bilder dürfen da sein. Nehmen Sie sich viel Zeit, um sich das bewusst zu machen, was Ihr Herz erfreut. Lesen Sie sich die Fragen noch einmal durch, ganz langsam.

- **Drehen Sie das Licht noch heller.** Seien Sie mutig und stellen Sie sich das vor, was Sie wirklich begeistert. Das, was Sie wirklich erfreut, ist für Sie stimmig. Das, wofür Sie erglühen, ist Ihre Vision. Gehen Sie das Wagnis ein und machen Sie sich Ihre Vision voll bewusst.

- **Wenn Ihre Vision Ihnen ein Lächeln aufs Gesicht zaubert, liegen Sie richtig.** Sie müssen sich *nichts erarbeiten oder erkämpfen*. Das hier ist keine mühselige Plackerei, keine Arbeit, kein Kampf, keine Leistung und schon gar keine Perfektion. Sie lassen sich ganz einfach selbst wissen, was Ihr Eigenes ist und was Sie sich von Herzen wünschen. Wenn Sie innerlich von einer Vision begeistert sind, ist sie das Passende für Sie.

- **Lassen Sie jeden auftauchenden Zweifel, ob Sie Ihre Vision tatsächlich je erreichen können oder wie Sie das verwirklichen sollen, außen vor.**
  In diesem Stadium können solche Gedanken Ihre Visionen sofort klein machen oder unter Umständen sogar völlig abtöten. Hier geht es ausschließlich darum, dass Sie sich ganz genau das vorstellen, was Sie gerne hätten. Punkt, nicht mehr und nicht weniger! Alles andere kommt später.

WER ZU FRÜH REALISTISCH IST, SABOTIERT SICH SELBST

Wenn wir zu früh auf die gegenwärtigen Verhältnisse und Bedingungen schauen, besteht die Gefahr, dass wir gleich den Kopf hängen lassen. Wie sieht es denn aus, auf dem Arbeitsmarkt, dem Wohnungsmarkt, dem Finanzmarkt oder auf dem Partnermarkt? Nicht so toll? Ganz schnell entsteht ein entmutigender Gedanke: »Da lohnt es sich doch nicht, überhaupt anzufangen.« Die eigene Vision landet im Papierkorb, bevor sie richtig aufkeimen konnte. Oder die Vision wird von vornherein zensiert und an die herrschenden Bedingungen angepasst. Manche nennen das *realistisch sein*. Ich nenne das *Selbstbeschränkung*. Die bestehenden Verhältnisse erscheinen uns vielleicht schlecht oder katastrophal. Aber das, was wir da wahrnehmen, sind keine massiven Betonmauern. Es sind vielmehr wabernde Erscheinungen, die sich ständig verändern. Dort, inmitten der Verhältnisse, gibt es jede Menge Spielräume für uns, die nur darauf warten, dass wir sie nutzen. Wenn wir eine klare Vision von dem haben, was wir wirklich wollen, können wir diese Spielräume entdecken und uns in ihnen austoben.

DAS EIGENE DING MACHEN

Das Suchen war für Simon schon zu einem Lebensstil geworden. Nach einem abgebrochenen Wirtschaftsstudium hangelte er sich von Praktikum zu Praktikum, von Aushilfsjob zu Aushilfsjob, von Zeitvertrag zu Zeitvertrag. Bisher war sein bester Job bei einem Computerfachhändler. Die Arbeit gefiel Simon. Er selbst war schon immer ein Computerfreak und dort konnte er noch einiges dazulernen. Aber der Händler verkaufte den Laden und der neue Besitzer brachte seinen eigenen Angestellten mit. Simon war wieder auf der Suche. Er wusste mittlerweile, was er *nicht* wollte. Er wollte endlich runter von diesem Praktikumskarussell. Das Nicht-mehr-Wollen war ihm klar. Aber das änderte nichts.

Eine echte Veränderung gab es für Simon erst, nachdem er herausgefunden hatte, was er wirklich wollte. Er brauchte eine positive Vision davon, wie er gern arbeiten würde. Als er die hatte, wusste er, wo es langging. Er machte sich zusammen mit einem Freund selbstständig. Die beiden entwickeln und programmieren Apps für Smartphones und Tablets. Ihr Geschäft ist gut angelaufen und Simon macht jetzt »endlich sein eigenes Ding«. Ohne eine eigene Vision würde er wahrscheinlich noch immer seine Runden auf dem Praktikumskarussell drehen.

IN ZWANZIG JAHREN WIRST DU MEHR VON DEN DINGEN ENTTÄUSCHT SEIN,

DIE DU NICHT GETAN HAST,,

ALS VON DENEN, DIE DU GETAN HAST.

MARK TWAIN (AMERIKANISCHER JOURNALIST UND SCHRIFTSTELLER)

BEGEISTERN SIE SICH!

Unser Gehirn lernt wahnsinnig schnell, während wir starke Emotionen erleben. Das können Sie für sich nutzen. Wenn Sie sich mit Ihrer Vision gut fühlen, wird sie schneller in Ihren grauen Zellen verankert. Indem Sie sich intensiv das vorstellen, was Sie begeistert, verinnerlicht Ihr Gehirn dies. Daraus entstehen weitere Gedanken, neue Ideen und später auch Handlungen. Ihre Vision beginnt, in Ihnen zu keimen.

STRATEGIE
DIE EIGENE VISION IM GEHIRN VERANKERN

- Denken Sie noch einmal an die drei Fragen:

  Was würden Sie anstreben, wenn Sie das nötige Selbstvertrauen hätten?

  Was würden Sie gerne tun, wenn Sie wüssten, dass Sie nicht scheitern können?

- *Was begeistert Sie so sehr, dass Sie es gern erleben möchten?*

- Was ist Ihnen dazu eingefallen? Gab es eine Idee, die Sie besonders angesprochen hat? Eine Vorstellung, bei der Sie gelächelt haben? Nehmen Sie diese Vorstellung und lassen Sie sie stärker werden.

- Malen Sie sich innerlich aus, wie es wäre, wenn Sie Ihre Vision bereits verwirklicht hätten. Stellen Sie sich intensiv vor, Sie hätten das alles bereits erreicht. Wie fühlt es sich an, wenn das Wirklichkeit geworden ist?

- Je intensiver und je öfter Sie sich das Ganze vorstellen können, desto mehr verankern Sie diese Vorstellung in Ihrem Gehirn.

VON DER VISION ZUR WIRKLICHKEIT IM HANDUMDREHEN

Sie können für jede Veränderung und für jede Umstellung in Ihrem Alltag eine Idee entwickeln. Wenn Sie erst einmal wissen, was für Sie passend ist, kann Ihre Vision sehr schnell Wirklichkeit werden.

Als ich die Sache mit der eigenen Vision einmal in einem Seminar erklärte, passierte in der Pause ein kleines Gestaltungswunder. Einer meiner Teilnehmer wurde gerade zum Vertriebsleiter befördert. Der Mann freute sich darüber, aber eine Kleinigkeit machte ihm Sorgen: er befürchtete, dass er sich komplett neu einkleiden müsste. Er bezeichnete sich selbst als Jeanstyp, aber er meinte, als Vertriebsleiter müsste er schick und teuer gekleidet aussehen – oder wie er es ausdrückte »klamottentechnisch dick auftragen«. Zu dem Thema hatte er bereits eine Vision, allerdings eine total negative, abschreckende Vision: Er stellte sich lebhaft vor, wie seine Frau ihn stundenlang durch die Herrenabteilung diverser Kaufhäuser schleppte. Dort müsste er dann zahllose dunkelblaue Anzüge anprobieren.

Das Beispiel zeigt, dass wir alle Meister darin sind, uns etwas vorzustellen. Aber wenn wir den Dreisatz der Gestaltung noch nicht kennen, machen wir uns oft nur negative Visionen. Diese negativen Visionen nennen wir normalerweise sich Sorgen machen, Ängste ausbrüten oder sich Horrorszenarien ausmalen.

FRAGEN SIE SICH: »WAS WILL ICH?«
ES IST ERSTAUNLICH, WIE SELTEN
MENSCHEN SICH DIESE OFFENSICHTLICHE FRAGE STELLEN.

ROBERT J. FRITZ (AMERIKANISCHER AUTOR UND BERATER)

IST ES DIE PASSENDE VISION?

Frage: »Wie kann ich ganz genau wissen, ob das, was ich mir gerade vorstelle, auch tatsächlich das Richtige und Passende für mich ist?«

Antwort: »Wenn Ihre Vision Sie begeistert oder wenn sie Ihnen zumindest ein Lächeln aufs Gesicht zaubert, dann ist sie genau das Richtige für Sie.«

Als mir dieser Teilnehmer seine Anzugskauf-Horrorvision erzählte, schlug ich ihm vor, er könne sich doch mal die Kleidung vorstellen, die er in seinem neuen Job gern tragen würde. Welche Kleidung würde ihm selbst gefallen? Wie möchte er als Vertriebsleiter aussehen? Er dachte nach. Die anderen Teilnehmer, die um uns herumstanden, wurden neugierig. Nach ein paar Minuten sagte er: »Am liebsten wäre es mir, wenn ich nicht ständig im Anzug und mit Krawatte herumlaufen müsste. Das ist echt nicht mein Stil. Sakko, vielleicht eine Stoffhose und ein gutes Hemd – das ist eher mein Stil. Einen dunkelblauen Anzug mit Krawatte würde ich nur tragen, wenn es um ein dickes Geschäft geht. So stelle ich mir das vor.«
Alle, die ihm zuhörten, merkten sofort: Ja, das war genau das Passende für ihn. Zwei Seminarteilnehmer gaben ihm sofort ein paar Tipps, in welchen Läden er in der Stadt die Sakkos, Hosen und Hemden kaufen könnte – notfalls auch ohne seine Frau. Von zwei Seminarteilnehmerinnen bekam er noch ein paar Hinweise, welche Farben und Schnitte ihm wohl gut stehen würden – alles nur für den Fall, das seine Frau tatsächlich beim Einkaufen nicht dabei wäre.
Zwei Monate später war ich wieder in der Firma und traf den frisch gebackenen Vertriebsleiter zufällig auf dem Flur. Er begrüßte mich freudestrahlend und fragte mich: »Na, fällt Ihnen was auf?« Doch, natürlich fiel es mir sofort auf: Er trug passende Vertriebsleiterkleidung und offensichtlich fühlte er sich damit sehr wohl. Einerseits war er

authentisch geblieben, andererseits aber auch jobgerecht angezogen. Das war also eine kleine Vision, die sehr schnell zu einer gelebten Realität geworden war. Und alles begann damit, dass der Mann sich klarmachte, was für ihn das Passende war.

Der neu eingekleidete Vertriebsleiter schmunzelte ein wenig, als er zu mir sagte: »Jetzt will meine Frau noch, dass ich mir die Haare schneiden lasse. Ich hab zu ihr gesagt, in meiner Vision trage ich etwas längere Haare. Da meinte sie, ich soll aufhören mit diesen Visionen.«

AUCH BEI KLEINIGKEITEN GILT: GESTALTEN, WAS ZU IHNEN PASST

Erst wenn wir wissen, was wir wollen, kann uns das Leben unter die Arme greifen und uns für unsere Vision die passenden Hinweise und Zufälle schicken. Erst wenn wir wissen, was wir wollen, sind wir überhaupt offen für diese Hinweise und Zufälle. Erst dann können wir sie aufnehmen und etwas damit anfangen.

Vielleicht sind Sie noch skeptisch, ob der Dreisatz der Gestaltung auch wirklich funktioniert. Probieren Sie ihn doch einfach bei einer harmlosen Sache aus. Gestalten Sie irgendetwas in Ihrem Alltag, das Sie schon lange verschönern oder verbessern wollten. Vielleicht kreieren Sie ein eigenes Bild – selbst gemalt oder fotografiert – für Ihr Wohnzimmer.

WISH IT, DREAM IT, DO IT!

Es gibt keine zu kleinen und auch keine zu großen Visionen.

Es gibt nur die Vision, die jetzt für Sie die passende ist.

Und genau die will jetzt von Ihnen verwirklicht werden.

Gestalten Sie im Job Ihre Pausen so, dass Sie sich besser erholen. Machen Sie sich eine Vision von der optimalen Pause, die Ihnen richtig guttun würde. Und dann setzen Sie Ihre Vorstellung schrittweise um. Oder kreieren Sie ein Abendessen mit Gemüse, das auch Ihre Kinder mögen, obwohl die normalerweise kein Gemüse anrühren.

Es ist tatsächlich etwas, das Sie sich angewöhnen können: das zu gestalten, was für Sie jetzt dran ist. Genau das in die Welt zu setzen, was Ihnen Freude macht. Immer wieder.

Eine meiner Teilnehmerinnen hat mit dem Dreisatz der Gestaltung eine große Familienfeier so arrangiert, dass sie dabei wenig Arbeit und viel Zeit für ihre Gäste hatte. Eine andere Teilnehmerin hat mit dieser Technik aus ihrem Balkon eine kleine grüne Wohlfühloase gemacht. Ein Teilnehmer hat sich damit ein Multifunktionsbett selbst gebaut, das nicht nur als Schlafplatz dient, sondern Stauraum für seine Bücher bietet.

GEBEN SIE DEM LEBEN DIE CHANCE, IHNEN ZU HELFEN

Der Dreisatz der Gestaltung funktioniert im Großen wie auch im Kleinen. Sie können damit jedes Problem und jede Unzufriedenheit in Ihrem Alltag in eine neue Möglichkeit verwandeln. Sie wissen, was Sie quält, was Sie nicht wollen? Gut, damit fängt es an.

Wie wäre es, wenn Sie – nur so zum Spaß – für jedes kleinere oder größere Problem in Ihrem Alltag eine Vision entwickeln? Das kostet Sie nur wenig Zeit, aber es hat einen großen Vorteil: Sie lassen sich selbst wissen, was Sie möchten und was für Sie besser wäre. Sie hören auf, im Problem zu wühlen, und wenden sich der Lösung zu. Sie entdecken dabei neue Möglichkeiten und Sie geben dem Leben eine Chance, Ihnen entgegenzukommen. Wenn Sie wissen, was Sie für sich wollen, können sich kleinere oder größere Wunder ereignen, die Ihnen auf die Sprünge helfen. Aber es beginnt mit dem Wissen, was Sie wollen.

Schreiben Sie Ihre Probleme und Ihre Visionen ruhig in einer Liste auf. Notieren Sie in der linken Spalte:

→ Was stört Sie?
→ Wovon wollen Sie weg?
→ Welches Problem taucht immer wieder auf?

Rechts setzen Sie Ihre Vision dagegen:

→ Was wünschen Sie sich stattdessen?
→ Wie sieht das beste Endergebnis für Sie aus?
→ Welches Resultat würde Sie begeistern?

DAS EIGENE GEHIRN ÜBERLISTEN

Eine solche Liste hat gleich mehrere Vorteile für Sie.

Sie bringen Ihrem Gehirn bei, nicht ständig nur auf einem Problem herumzukauen. Wenn Sie dauernd darüber nachdenken, wie sehr Sie eine bestimmte Sache stört, warum das Problem entstanden ist und wer daran schuld hat, laden Sie sich immer wieder den alten ungelösten Ärger auf die Schultern und die dazugehörenden unangenehmen Gefühle. Sie drehen Ihre Kreise im Problemsalat und fühlen sich dabei immer wieder schlecht.

Unser Denken kann stundenlang, ja sogar tagelang auf einem Problem herumkauen, ohne es zu lösen, ohne dass wir aufstehen und endlich etwas ändern. Wenn wir das lange genug machen, kommen wir schließlich zu der Überzeugung: Ich komme da einfach nicht raus. Ich finde keinen Ausweg. Das ist eine Überzeugung, die zu einer sich selbst erfüllenden Prophezeiung wird, wenn es ganz schlimm kommt. Wir glauben am Ende tatsächlich, dass wir das Problem nicht lösen können. Und dann resignieren wir, tun nichts und die Prophezeiung hat sich erfüllt – das Problem bleibt bestehen.

Sie können dieses unheilvolle Problemkreisen beenden, indem Sie Ihrem Denken eine neue Richtung geben. Ihre Vision ist diese neue Richtung im Denken. Sie stellen sich vor, was Sie anstelle des Problems gern hätten. Wie die Alternative zum Problem aussehen könnte.

Welcher Zustand für Sie der passendere und angemessenere wäre. Wenn Sie jetzt an Ihre Vision denken, fühlen Sie sich besser. Sie sind weniger gestresst, spüren mehr Freude oder Leichtigkeit, obwohl das Problem immer noch da ist. Sie haben nur einen Blick auf das geworfen, was für Sie das Richtige wäre. Damit befeuern Sie die Überzeugung, dass Sie aus der Problemnummer rauskommen. Und mit den guten Gefühlen im Bauch sind Sie motiviert, sich auch Schritte zu überlegen, wie Sie Ihre Wunschvorstellung verwirklichen können.

Auch wenn Sie im Moment keine Möglichkeit haben, die Idee zu verwirklichen, behalten Sie sie im Hinterkopf. Sie haben Ihre Vorstellung notiert und damit in Worte gefasst. Das ist, als hätten Sie ein Netz ins Meer geworfen, in dem sich alle passenden Zufälle, Chancen und guten Ideen verfangen können.

Aber der entscheidende Vorteil des Aufschreibens ist, dass Sie jedes Ihrer Probleme nutzen, um sich selbst wissen zu lassen, was für Sie stimmiger und passender wäre. Jedes Problem ist eine Einladung an Sie, das Eigene zu entdecken und es in Ihr Leben zu bringen.

BLOSS NICHT ZU VIEL WOLLEN

Ihre persönliche Vision stellt beim Dreisatz der Gestaltung nur den ersten Teil dar. Am Ende wird es darum gehen, dass Sie aufstehen und tatsächlich loslegen. Um dahin zu kommen, wählen Sie jetzt allein die Idee aus, die für Sie jetzt die richtige und passende ist. Mir fällt dabei eine junge Frau ein – eine echte Weltmeisterin im Visualisieren. Auf die Frage, was Sie gerne verwirklichen würde, bekam ich von ihr nicht nur eine Antwort. Nein, sie hatte eine lange Liste mit etwa 15 Themen. Aber genau damit bekam sie ein Problem. Sie entwickelte zu viele Vorstellungen, von denen sie begeistert war, und am Ende wusste sie nicht mehr, wo sie anfangen sollte. Das ist ungefähr so, als würden 15 Menschen gleichzeitig versuchen durch eine Tür zu kommen, durch die nur einer passt. Da kommt dann keiner durch.

ZU VIELE VISIONEN? ABSPECKEN!

Wir können nicht alle unsere Vorstellungen auf einen Schlag verwirklichen. Unsere Aufmerksamkeit kann sich nicht auf fünf oder zehn oder noch mehr Ideen gleichzeitig konzentrieren. Wir brauchen einen klaren Fokus auf das, was jetzt dran ist. Ich habe der Visionsweltmeisterin ein paar Fragen gestellt. Mit diesen Fragen konnte sie ihren Bilderstau auflösen. Diese Fragen möchte ich Ihnen auch anbieten für den Fall, dass Sie sich in zu vielen Visionen verirrt haben.

STRATEGIE
DIE VISION WÄHLEN, DIE JETZT DRAN IST

Denken Sie an das, was Sie gerne verwirklichen würden. Falls Sie mehrere Ideen haben, lohnt es sich, eine Reihenfolge aufzustellen. Für welche wollen Sie sich heute und morgen und übermorgen einsetzen? Die nachfolgenden Fragen helfen Ihnen, die Vorstellung zu finden, die jetzt für Sie dran ist:

- Welche Ihrer inneren Bilder, welche Ihrer Vorstellungen bringt Sie *jetzt* in diesem Moment entscheidend voran?

- Was ist die *eine* Idee, die Ihr Leben wirklich entscheidend verbessert, bereichert oder erleichtert?

- Welche Ihrer Vorstellungen ist so reif und motivierend für Sie, dass Sie gleich loslegen können?

Sie müssen keine Ihrer bisherigen Visionen wegwerfen oder aussortieren. Alle dürfen da sein und von Ihnen auch aufbewahrt werden. Sie wählen jetzt aber nur *eine* aus, auf die Sie sich in diesem Moment fokussieren können. Das ist eine Vorstellung, die Sie ab sofort schrittweise verwirklichen.

AUF DEM AUFBAUEN, WAS
SIE SCHON HABEN

Die nächsten beiden Teile des Dreisatzes der Gestaltung sorgen dafür, dass Ihre Vision für Sie mehr und mehr zur Realität wird. Der zweite Satz der Gestaltung lautet: Schau dir deine gegenwärtige Realität an und stelle fest, was dir dort bereits zur Verfügung steht.

Der amerikanische Berater und Autor Robert J. Fritz hat in seinem Buch *The Path of Least Resistance* einen wichtigen Satz geschrieben: »Ihre gegenwärtige Realität ist nicht Ihr Feind.« Ich möchte hinzufügen: Ihre gegenwärtige Realität ist keine Blockade und auch keine Fessel. Sie ist der Startpunkt. Egal, wie groß Ihre Probleme auch sind oder wie sehr Sie sich wünschen, dass alles anders wäre: Akzeptieren Sie Ihre gegenwärtige Realität! Schauen Sie auf das, was Sie jetzt schon haben. Auf das, worauf Sie aufbauen können.

Selbst wenn Ihnen Ihre Vision riesig erscheint und der Weg dorthin unglaublich lang, wird es für Sie auch Abkürzungen geben. Genauso wie es auch einige Umwege geben kann. Aber bleiben wir zunächst bei den Abkürzungen. Die erste besteht in einer gründlichen Bestandsaufnahme. Womöglich haben Sie schon einiges, um Ihre Vision zu erreichen, aber Sie sind sich dessen nicht bewusst.

WARUM SIE VIELLEICHT SCHON VIEL MEHR HABEN, ALS SIE AHNEN

Kennen Sie das auch? Sie haben das Gefühl, Sie hätten nichts Richtiges zum Anziehen, vor allem jetzt, wo es wärmer geworden ist. Vor Ihrem geistigen Auge sehen Sie sich selbst in einem schönen T-Shirt, in einer frischen Farbe. Bei einer Shoppingtour entdecken Sie genau so ein Teil. Was für ein Glück! Aber als Sie Ihren Kleiderschrank aufräumen, um die alten Klamotten auszusortieren, finden Sie plötzlich ein ähnliches Shirt wie das neu gekaufte. Dieses gefundene T-Shirt liegt schon seit einiger Zeit ungetragen und brandneu in Ihrem Schrank. Sie haben schlicht vergessen, dass Sie es besitzen.

Es kommt vor, dass wir das, was wir schon haben, aus den Augen verlieren. Das gilt nicht nur für unsere Kleidung. Das passiert auch mit vergessenen Akkubohrern, die im Keller vergraben sind. Mit Küchengeräten, die sich ganz hinten im Schrank verstecken. Mit alten Freunden, zu denen wir lange keinen Kontakt hatten, und mit Computerprogrammen, die wir irgendwann installiert, aber nie genutzt haben. Daraus ergibt sich eine einfache Erkenntnis: Wir haben oft mehr Ressourcen, als uns bewusst ist. Genau das gilt auch für unsere Vision. Wir fangen nicht bei null an!

EIN PLAN IST BESSER ALS KEIN PLAN

Wenn Sie sich Ihre Ressourcen deutlich gemacht haben, bekommt Ihre Vision die nötige Bodenhaftung. Sie kennen Ihren Ausgangspunkt. Genau da, wo Sie jetzt sind, fangen Sie an. Und Sie wissen, wohin Sie wollen. Sie können sich vorstellen, was Sie erreichen möchten. Egal, wie weit diese beiden Punkte voneinander entfernt sind, Sie bewegen sich ab jetzt auf Ihre Vision zu.

Sie können den Weg zwischen dem, wo Sie jetzt stehen, und dem, was Sie erreichen wollen, deutlicher erkennen. Ich teile mir diesen Weg gern in einzelne Etappen ein. Ähnlich wie bei einer längeren Radtour markiere ich mir die Zwischenstopps, die ich ansteuere. So wird der lange Weg übersichtlicher und gangbarer.

Wichtig dabei: Der ganze Plan ist immer nur vorläufig, weil es unterwegs immer wieder Dinge und Ereignisse gibt, mit denen ich nicht gerechnet habe. Zufälle führen zu Abkürzungen und unerwartete Hindernisse bringen mich auf Umwege. Ich plane immer wieder neu, setze einen Kurs und korrigiere ihn. Immer wieder.

ZEIT FÜR EINE INVENTUR!

Behalten Sie Ihre Vision im Hinterkopf und schauen Sie nach, was Sie haben und worauf Sie zurückgreifen können:

- Welche Geräte oder Technologien (zum Beispiel Computer, Handy, Internet) stehen Ihnen zur Verfügung?
- Wo können Sie sich mehr über Ihre Idee informieren?
- Wo gibt es Menschen, die sich damit auskennen?
- Wie viel Geld könnten Sie im Moment für Ihr Vorhaben lockermachen?
- Wo könnten Sie Mittel einsparen, um mehr für Ihren Plan auszugeben?
- Wie könnten Sie Ihre Einkünfte erhöhen, um mehr Geld in die Vision zu investieren?
- Wie viel Zeit haben Sie für Ihre Vorstellung?
- Wann am Tag können Sie sich intensiver mit Ihrem Ziel beschäftigen?
- Wie viel Zeit in der Woche können Sie für das erübrigen, was Ihnen wirklich wichtig ist und am Herzen liegt?
- Wo können Sie in Ihrem Alltag Zeit umverteilen, sodass Sie sich öfter und länger mit Ihrer Vision beschäftigen können?
- Welche Vorkenntnisse haben Sie? Wo können Sie noch etwas Neues lernen?
- Brauchen Sie Anregungen oder Vorbilder für das, was Sie verwirklichen wollen? Wenn ja, welche sind das und wo finden Sie die?
- Brauchen Sie Tipps oder Ratschläge von Experten? Welche Experten suchen Sie und was wollen Sie von den Experten wissen?
- Worauf können Sie sonst noch zurückgreifen, um Ihre Vision schrittweise in Ihr Leben zu bringen?

DIE KUNST, IN
GANG ZU KOMMEN

Darauf läuft es hinaus: Sie stehen auf und engagieren sich für das, was Ihnen wichtig ist. Für das, was Sie begeistert, was Sie in Ihr Leben bringen wollen. Sie tun etwas dafür, und zwar immer wieder – so lange, bis Ihre Vision eine echte, gelebte Realität geworden ist. Der dritte Satz der Gestaltung lautet dementsprechend: Verwirkliche deine Vision, und zwar Schritt für Schritt, Millimeter für Millimeter – jeden Tag.

Das ist einer der besten Momente überhaupt: Sie fangen an, die ersten Schritte in Richtung Vision zu gehen. Jetzt stehen die Chancen gut, dass aus Ihrer Vision eine fühlbare Wirklichkeit wird. Das allein ist schon ein Grund, um vor Freude zu tanzen.

Es ist wunderbar, diesen Zauber des Anfangs zu erleben. Alles, was Sie brauchen, sind Ihre Offenheit und Ihre Liebe zu Ihrer Vision. Hier kommen vier sehr nützliche Tipps, die Ihnen helfen, diesen zauberhaften Anfang zu finden. Hermann Hesse hat das in seinem Gedicht *Stufen* so ausgedrückt:

UND JEDEM ANFANG
WOHNT EIN ZAUBER INNE,
DER UNS BESCHÜTZT UND DER UNS HILFT ZU LEBEN.

HERMANN HESSE (DEUTSCHER DICHTER)

STRATEGIE
GET IT STARTED

Bauen Sie eine perfekte Radarfalle.

Ab jetzt entwickeln Sie einen Radar für alles, was mit Ihrer Vision zu tun hat. Überall können Sie etwas finden, das Sie weiterbringt. In Zeitungen, Fernsehsendungen, im Internet, bei Gesprächen mit Freunden oder Fremden – überall finden Sie Tipps und Ideen, mit denen Sie Ihre Vision verwirklichen können. Jetzt, wo Sie wissen, was Sie wollen, richtet sich Ihre Wahrnehmung neu aus. Sie suchen Ihr Umfeld ab. Sie scannen alles, was täglich auf Sie einprasselt, und überprüfen, ob etwas für Ihre Vision dabei ist. Glauben Sie mir: Sie werden fündig werden. Sie werden die Informationen finden, die Sie brauchen, um mit Ihrer Vision weiterzukommen.

Kultivieren Sie Ihre Sammelleidenschaft.

Notieren Sie sich jede Idee, die Ihnen durch den Kopf geht. Sammeln Sie alles, restlos alles, was nur im Entferntesten mit Ihrer Vision zu tun hat, auch Artikel aus Zeitungen und Zeitschriften. Drucken Sie sich Infos aus dem Internet aus und halten Sie jeden Hinweis fest, immer und überall. Ich notiere meine Ideen meistens in einem kleinen Notizbuch. Aber ich habe unterwegs auch schon Webseiten und Telefonnummern auf meinen Arm geschrieben – mit einem Kugelschreiber, den ich mir von der Verkäuferin in der Bäckerei geliehen habe. Ab jetzt sind Sie beides: Jäger und Sammler.

Lassen Sie sich von Ihrer Vision wachküssen.

Machen Sie jeden Tag ein Date mit Ihrer Vision. Treffen Sie sich mit ihr, lassen Sie sich von ihr verführen. Stellen Sie sich vor, wie es wäre, wenn Sie Ihre Vision schon erreicht hätten. Stellen Sie sich das in allen Einzelheiten vor. Je attraktiver Ihre Vision für Sie ist, desto motivierter sind Sie. Je öfter Sie sich mit Ihrer Vision auftanken, desto mehr Handlungsbereitschaft entsteht bei Ihnen.

Fortsetzung auf Seite 42

Fortsetzung von Seite 41

Zur Ruhe kommen und Inspiration tanken.

Sie brechen auf zu neuen Ufern und tun etwas, was Sie bisher noch nicht getan haben. Das ist sehr aufregend. Manchmal sogar noch weit mehr als nur aufregend. Es kann Ihnen auch ein wenig Bange machen. Zweifel melden sich: Werde ich das alles schaffen? Ist das überhaupt richtig, was ich da vorhabe? Wäre es nicht besser, ich würde alles beim Alten lassen? Solche zweifelnden, angsterfüllten Gedanken sind völlig normal und gehören dazu. Das Ganze ist aber überhaupt kein Grund, die Sache abzubrechen oder aufzugeben. Alles, was Sie jetzt brauchen, ist mehr Stärkung von innen her. Ihre aufgewühlte Psyche will sich wieder beruhigen und zu sich kommen. Helfen Sie ihr dabei, indem Sie sich regelmäßig jeden Tag ein paar Momente lang still hinsetzen und loslassen. Im nächsten Teil finden Sie zahlreiche Meditationen, mit denen Sie das schaffen. Dieses regelmäßige Zur-Ruhe-Kommen hat noch einen riesigen Vorteil: Sie öffnen sich damit für gute Ideen und kreative Einfälle. Sie werden inspiriert und bekommen noch mehr Rückenwind für Ihre Vision.

DIE BESTE MOTIVATION, UM JETZT GLEICH ZU STARTEN

Ihre Vision zaubert Ihnen ein Lächeln ins Gesicht. Sie sind begeistert von dem, was Sie sich vorstellen. Sie haben das Gefühl, dass Ihre Vision zu Ihnen passt und dass Sie damit Ihr Leben bereichern. Genau das ist die Energie, die Ihnen hilft, jetzt loszulegen. Nutzen Sie diese Begeisterung und fangen Sie an.

Nehmen Sie sich eine Aufgabe vor, die Sie Ihrer Vision einen Schritt näher bringt. Achten Sie darauf, dass es eine klare, einfache Sache ist: etwas aus dem Internet raussuchen, eine Telefonnummer aufschreiben, eine Anfrage per E-Mail starten oder jemanden anrufen. Vielleicht losfahren und etwas besorgen. Oder sich in einem Fachgeschäft beraten lassen. Beginnen Sie mit solch einer klaren, machbaren Aktivität.

Lassen Sie keinen Berg von Aufgaben wachsen und kein schwammiges »Darum müsste ich mich mal kümmern« entstehen. Starten Sie mit einer Handlung, die sich *jetzt* anbietet.

WIE SIE RICHTIG IN SCHWUNG KOMMEN UND ES AUCH BLEIBEN

Genauso machen Sie weiter: eine kleine Handlung nach der anderen. So kommen Sie in Schwung. Eins ergibt sich aus dem anderen und Sie kommen in einen Zustand, in dem alles wie geschmiert läuft. Andere Leute nennen das auch Flow. Das ist, als würden Sie auf dem Fahrrad sitzen, ein paar Mal kräftig in die Pedale treten und dann fährt das Rad wie von selbst, ohne dass Sie allzu sehr strampeln müssen.
Sie kommen in Schwung, indem Sie – ohne lange zu zögern – das Naheliegende anpacken, und zwar jetzt gleich. Das muss nichts Großes sein. Wichtig ist, dass Sie erst einmal loslegen. Vielleicht nur mit einer Kleinigkeit: mit einer Recherche im Internet, einem Telefonat, dem Sammeln von Ideen, dem Notieren von Visionen und inneren Bildern. Indem Sie loslegen, beweisen Sie sich selbst, dass Sie es ernst meinen. Das Ganze wird dadurch für Sie mehr als nur ein schöner Tagtraum. Sie bringen Leben in Ihre Idee. Sie treten in die Pedale, bauen den Schwung auf und die Sache kommt ins Laufen. Ihr Wunschtraum wird nach und nach zu Ihrer Realität. Wichtig ist, dass Sie Ihren Standpunkt finden und dass Sie anfangen.

IMMER SCHÖN DRANBLEIBEN

Alles, was Sie verwirklichen wollen, braucht Ihre hartnäckige, stetige und wache Aufmerksamkeit, um in Schwung zu kommen.

SIE MERKEN,
WIE SIE TICKEN

Beim Verwirklichen Ihrer Vorstellung werden Sie ein paar Überraschungen erleben. Einiges wird sich als viel leichter herausstellen, als Sie anfangs vielleicht dachten. Andere Dinge erweisen sich hingegen als wirklich schwere Brocken, an denen Sie lange zu kauen haben. Sie werden, wie die meisten Visionäre und Gestalter, natürlich auch ein paar Fehler machen. Aber diese Fehler sind letztlich nur Lernerfahrungen. So lernen Sie, wie es richtig geht, und Sie erfahren, wie es nicht funktioniert: Das gehört zu der ganzen Sache dazu.

Nebenbei lernen Sie auch, in Ihrem Alltag fehlerfreundlich zu werden. Das heißt, Sie akzeptieren mehr und mehr, dass Sie nicht alles und jedes auf Anhieb können und dass Sie zwischendurch auch immer wieder mal einknicken. Wie gesagt, dabei handelt es sich immer um ganz normale Entwicklungsschritte, die durchaus wünschenswert sind. Sie gehören gewissermaßen zu jeder Vision, die Sie verwirklichen. Also begrüßen Sie sie ganz freundlich und wohlwollend.

BEACHTE DEINE VERRÜCKTHEIT ...
UND DANN GEH WEITER.

CHUCK HILLIG (AUTOR UND SPIRITUELLER LEHRER)

Die meisten Erwachsenen können ihre Persönlichkeit ganz gut ein-
schätzen und beschreiben. Wir alle haben ein Selbstbild, einen Eindruck von unseren Stärken und Schwächen. Wenn wir aber eine Vision
anpacken und schrittweise verwirklichen, können wir über uns einige
neue Erkenntnisse sammeln. Wir bewegen uns zeitweise auf unbekann-
tem Terrain und probieren Dinge aus, die wir noch nicht kennen. Dabei
entdecken wir an uns auch neue Seiten. Wir bemerken neue Fähigkeiten und Kompetenzen, von denen wir vorher nicht dachten, dass wir sie
haben. Aber wir merken auch, dass sich bereits bekannte Macken und
Widerstände verstärken. Manchmal tauchen auch ganz neue auf. Einige
dieser Blockaden können unsere Vision ganz schön sabotieren, wenn
sie sich ungebremst bei uns austoben. Deshalb lohnt es sich, diese
Widerstände – auch bekannt als: die kleinen inneren Schweinehunde –
genauer unter die Lupe zu nehmen.

WENN DAS WICHTIGE PLÖTZLICH AUF DER STRECKE BLEIBT

Für mich war es immer leicht, die Vision auszuwählen, die aktuell
dran war. Da gab es etwas, das mich wirklich schon lange nervte, oder
etwas Altes ging zu Ende und ich brauchte eine neue Perspektive.
Ich entwickelte eine Idee und stellte mir vor, was für mich passend
wäre. Den zweiten Teil, die Bestandsaufnahme, fand ich immer
erleichternd. So konnte ich aufhören, meine gegenwärtige Situation
als Problem zu sehen. Stattdessen stellte ich fest, was mir bereits zur
Verfügung stand, was ich jetzt schon nutzen konnte und welche
Ressourcen schon vorhanden waren. Dann konnte es endlich losgehen.
Ich fing an, mich schrittweise an meine Vision heranzupirschen.
Ich kam in Schwung. Ich war überglücklich, denn endlich kam ich ein
gutes Stück voran. Aber irgendwo auf halber Strecke stagnierte das
Ganze. Doch, ich war noch aktiv. Aber was ich tat, hatte nichts mehr
mit meiner Vorstellung zu tun.

Ich verbrachte viel Zeit damit, das Auto innen und außen sauber zu machen und vollzutanken. Ich entrümpelte die Festplatte meines Computers. Und dann lief noch dieser Film im Kino, den ich unbedingt sehen wollte. In der Buchhandlung fand ich einen Roman, der mich schon nach den ersten Seiten fesselte. Das Buch habe ich verschlungen. Dann kam schon die Urlaubszeit. Aber danach, das nahm ich mir fest vor, wollte ich mich wieder ganz intensiv um meine Vision kümmern. Wenn nichts dazwischenkommt. Und Sie ahnen es vielleicht schon – leider kam einiges dazwischen.

Ja, ich habe sie alle ausprobiert, die positiven Affirmationen und Motivationsparolen. Leider hat das bei mir nie etwas gebracht. Ich konnte mir hundert Mal am Tag sagen: »Ich habe ein unendliches Potenzial! Ich schaffe das! Ich bin bereit, mich zu ändern!« Trotzdem gab es da etwas, das mich ausgebremst hat.

DREI KLEINE SCHWEINEHUNDE: AUF-SCHIEBEN, ABLENKEN, VERMEIDEN

In den letzten Jahrzehnten habe ich viele Visionen verwirklicht und jedes Mal, aber wirklich jedes Mal, durfte ich dabei mit meinen **drei kleinen Schweinehunden ringen. Sie heißen: aufschieben, sich ablenken und vermeiden.** Diese kleinen Viecher waren träge und bequem. Oft hatte ich nur eine lahme Ausrede: »Ach, ich hab keine Lust. Ich bin irgendwie so schlapp. Mal sehen, was es im Fernsehen gibt.« Manchmal habe ich mich auf eine Kleinigkeit gestürzt und diese endlos ausge-

WAHRE STÄRKE IST ...

... wenn wir unsere Ausreden und Vermeidungsstrategien klar erkennen.

WIE IHRE SCHWEINEHUNDE SIE ABLENKEN

- Sie ziehen Nebensächlichkeiten wie telefonieren, fernsehen, im Supermarkt einkaufen, die Haare schön machen so weit in die Länge, dass für Ihre Vorstellung überhaupt keine Zeit mehr bleibt. Dabei merken Sie es durchaus, dass Sie im Moment nur Ihre Zeit verplempern. Aber Sie machen weiter, weil sich das Ganze so gut und gewohnt anfühlt.

- Bevor Sie etwas für Ihre Vision tun, müssen noch alle anderen Aufgaben auf der To-do-Liste abgearbeitet werden. Das geht vom Fensterputzen bis zur Steuererklärung, vom Schneiden der Fußnägel bis zum Waschen des Autos. Da aber die To-do-Liste sehr lang ist und immer wieder aufgefüllt wird, fällt Ihre Vision ständig hinten runter. Vorher ist ja noch so viel zu tun. To-do-Listen erwecken den Eindruck von Dringlichkeit und Visionen sind im Vergleich dazu immer leiser und geduldiger. Deshalb gibt es keinen Krach, wenn eine Vision in der Abstellkammer verstaubt.

- Lustlosigkeit, Schlappheit, Energiemangel und alle Sie herunterziehenden Gefühle können eine hervorragende Ausrede sein, um die Vision irgendwo zu parken. Die muss dann eben warten, bis Sie sich besser fühlen. Aber das emotionale Hochgefühl kommt leider nicht so oft, wie man sich das vielleicht wünscht. Und wenn es dann endlich da ist – ja, wunderbar! Da wollen Sie doch das Leben genießen, Spaß haben und sich richtig amüsieren. Oh, leider ist Ihre Vision jetzt schon wieder zu kurz gekommen. So ein Mist! Das kann einen echt herunterziehen.

- Sie nehmen sich ganz viel vor, wollen alles schnell in Bausch und Bogen und auf einen Schlag bis zum letzten Fitzelchen abarbeiten. Dieser riesige Berg von Aufgaben führt allerdings sofort dazu, dass Sie überhaupt nicht mehr wissen, wo Sie nun genau anfangen sollen. Anschließend verzetteln Sie sich in wilden Aktivitäten, bis Sie ganz konfus und durcheinander sind.

walzt. Einkaufen und das Auto betanken – beides hätte ich eigentlich schnell erledigen können. Aber mein Ablenkungsschweinehund flüsterte mir zu, dass ich bei der Gelegenheit doch mal in der Gärtnerei vorbeifahren könnte, um die neuen Frühjahrsblüher zu inspizieren. Dort blühte alles ganz wunderbar.

Nur meine Vision welkte vor sich hin. Wenn Sie das auch von sich kennen – willkommen im Klub! Sie sind damit nicht allein. Deshalb habe ich für Sie eine Strategie entwickelt, die Ihnen zeigt, wie sich diese Schweinehunde in Ihrem Alltag breitmachen.

DAS IST KEINE SCHWÄCHE: ES IST IHR ALARMIERTES O-NEIN-ZENTRUM

Falls Sie auch hin und wieder Besuch von Ihren Schweinehunden bekommen, ist eines sehr wichtig: Das Ganze ist keine Schwäche von Ihnen, für die Sie sich kritisieren oder verurteilen müssten. Etwas Wichtiges aufzuschieben oder ganz zu vermeiden – das sind alles Strategien, die mit Ihrem O-Nein-Zentrum im Gehirn zu tun haben. Dieses ist ein Teil unseres Gehirns, der dafür sorgt, dass wir sicher überleben können. Den Begriff »O-Nein-Zentrum« habe ich in dem Buch gefunden *Du bist mehr als dein Gehirn* von Jeffrey Schwartz und Rebecca Gladding. Damit bezeichnen die Autoren die Gehirnbereiche Amygdala, Insula und den präfrontalen Kortex. Dieses Warnzentrum in unserem Kopf meldet sich gern mit dem Gedanken: »Oh, nein! Das mag ich nicht. Das darf nicht wahr sein. Das will ich nicht.« Es kommt in Wallung, wenn wir etwas Neues, etwas Unbekanntes anpacken. Genau das passiert, während wir unsere Vision verwirklichen. Wir verlassen die gewohnte Komfortzone, also den Bereich, wo wir alles im Griff haben, und tun Dinge, die wir noch nie vorher ausprobiert haben. Unser O-Nein-Zentrum ist jetzt alarmiert: »Achtung, hier betrittst du Neuland. Du könntest dich blamieren. Die Sache könnte schiefgehen. Lass die Finger davon!«

IHR O-NEIN-ZENTRUM KANN SIE AUSBREMSEN

Durch das alarmierte O-Nein-Zentrum entstehen in unserem Körper Gedanken und Gefühle, die allesamt auf die Bremse treten. Wir werden ein wenig bange, bekommen Zweifel, machen uns Sorgen und dann kommen – als kleine Retter – unsere Schweinehunde raus. Die lenken uns von dem ab, was sich jetzt so unangenehm anfühlt. Sie bieten uns etwas an, das in unserer Komfortzone liegt: fernsehen oder im Internet surfen, am Computer spielen, einkaufen gehen, mit Freunden plaudern oder Ähnliches. Auf den ersten Blick sind das alles normale und unverdächtige Aktivitäten. Bis uns irgendwann auffällt, dass das Wichtige immer wieder hinten runterfällt. Unsere Vision bleibt auf der Strecke. Viele Menschen, die das bei sich erlebt haben, verurteilen sich dafür. Sie denken, sie hätten zu wenig Willenskraft, wären zu schwach. Manche sind so von sich selbst enttäuscht, dass sie nie wieder eine Vision entwickeln wollen. Sie werden mutlos und resignieren. Das ist sehr tragisch – vor allem, weil es unnötig ist. Ein aufgewühltes, alarmiertes O-Nein-Zentrum kann Sie sehr ausbremsen. Aber Sie sind Ihrem Gehirn nicht hilflos ausgeliefert. Sie können es beruhigen. Darum geht es im zweiten Teil dieses Buchs. Mit ein paar einfachen Strategien können Sie Ihr O-Nein-Zentrum im Gehirn wieder zur Ruhe bringen. Wenn das geschieht, werden Sie mutiger und fokussierter.

IHR GEHIRN PRODUZIERT DIESE
UNANGENEHMEN EMPFINDUNGEN,
NICHT SIE.

JEFFREY SCHWARTZ & REBECCA GLADDING (AUTOREN)

STRATEGIE
DiE SCHWEiNEHUNDE BÄNDiGEN

Zerlegen Sie eine unangenehme Aufgabe in Miniaktionen.

Immer wenn Sie vor einer Aufgabe zurückschrecken, weil sie Ihnen schwierig erscheint, können Sie diese Aufgabe in kleine Stücke zerlegen. Solche Miniaktionen senken die Hemmschwelle. Nehmen wir an, Ihnen wird bewusst, dass Sie einen wichtigen Telefonanruf immer wieder aufschieben. Um das Aufschieben zu stoppen, zerlegen Sie den Anruf in kleinste Handlungen. Fangen Sie damit an, die Telefonnummer herauszusuchen. Dann legen Sie die Nummer sichtbar hin. Schreiben Sie sich auf, was Sie am Telefon sagen oder fragen wollen. Legen Sie diesen Zettel auch sichtbar neben die Telefonnummer. Notieren Sie auch, wann genau Sie diesen Anruf machen wollen. Tragen Sie diesen Termin oder diese Uhrzeit in Ihrem Terminkalender ein. Wenn es so weit ist, geht es in Minischritten weiter: Nehmen Sie die Zettel zur Hand. Lesen Sie sich noch einmal durch, was Sie mit dem Telefonat erreichen wollen. Wählen Sie die Nummer ... und so weiter.

- Fangen Sie an, in kleinsten Schritten auf Ihre Vision zuzugehen. Wenn nötig, robben Sie sich Millimeter für Millimeter voran.

Lassen Sie ab sofort alle Ablenkungen links liegen mithilfe des Bevor-Prinzips.

Ablenkungen wie zum Beispiel fernsehen und Computerspiele lassen sich nicht total abschaffen. Sie haben ihren Wert. Sie sorgen unter anderem auch für unsere Entspannung. Aber Sie müssen sich auch nicht von Ihren Ablenkungen beherrschen lassen. Probieren Sie es mit dem Bevor-Prinzip: Bevor Sie eine Runde am Computer spielen, kümmern Sie sich eine Runde um Ihre Vision. Bevor Sie abends DVD oder Fernsehen gucken, schauen Sie zuerst auf das, was Ihnen wirklich wichtig ist. Bevor Sie mit Freunden plaudern, per Twitter,

Facebook oder am Telefon, tun Sie etwas, um mit Ihrer Vision voranzukommen. Denken Sie daran, dass Ihre Vision wahrscheinlich nicht schreit, blinkt oder sich anderweitig bemerkbar machen kann. Sie ist still und geht deshalb leicht unter. Deshalb: Bevor Sie sich ins Vergnügen stürzen, gönnen Sie sich den Genuss, einen Schritt auf Ihre Vision zuzugehen.

- Stellen Sie Ihre gewohnten Ablenkungen auf den zweiten Platz. Den ersten Platz bekommt Ihre Vision. Sie können die Ablenkungen viel mehr genießen, wenn das Wichtige zuerst dran war.

Die Lustlosigkeit austricksen: Am Faden ziehen.

Sie möchten eigentlich nur Ihre Ruhe haben. Die Energie ist runter, vielleicht ist bei Ihnen auch eine Erkältung im Anmarsch, und überhaupt ... Heute ist nicht Ihr Tag. Auch wenn Sie nichts tun wollen, machen Sie ein kleines Experiment. Starten Sie eine winzige Miniaktion. Nur ein kleiner Handschlag für Ihre Vision, für das, was Sie begeistert. Irgendetwas Einfaches wie etwas vorbereiten, raussuchen, aufschreiben, abheften, kurz im Internet nachschauen.

Nach Ihrer Miniaktion achten Sie darauf, wie Sie sich fühlen. Gut möglich, dass es Ihnen eine Spur besser geht, weil Sie sich für etwas Wichtiges starkgemacht haben. Mit dieser kleinen Miniaktion haben Sie am Faden gezogen und jetzt können Sie – wo Sie den Faden schon einmal in der Hand haben – noch ein wenig mehr ziehen. Jetzt, wo Sie schon damit beschäftigt sind, können Sie noch ein bisschen weitermachen. Gut möglich, dass Sie dabei in Schwung kommen. Und wenn Sie erst richtig in Schwung sind, läuft es wie von selbst.

- Fangen Sie mit etwas sehr Kleinem an, ohne lange nachzudenken. Vertrauen Sie darauf, dass Sie in Schwung kommen.

Verlieben Sie sich in das, was Sie erreichen wollen.

Jetzt kommt meine absolute Lieblings-Schweinehundedressur. Sie ist sehr einfach und lässt sich in einem Wort zusammenfassen: Liebe. Eine Vision, die ich wirklich liebe, und die ich absolut brenne, ist am Ende viel stärker als alle meine Schweinehunde zusammen. Je mehr ich von meiner Idee begeistert bin, desto eher wage ich mich aus meiner Komfortzone heraus. Liebe ist stärker als die Angst vor Veränderungen.

Suchen Sie sich ein ruhiges Plätzchen, wo Sie völlig ungestört sind, und lassen Sie die Liebe zu Ihrer Vorstellung ganz und gar aufblühen. Stellen Sie sich vor, wie es wäre, wenn Sie Ihre Vision jetzt schon erreicht hätten, wenn sie Wirklichkeit wäre. Worüber wären Sie dann besonders glücklich? Stellen Sie sich vor, wie es sich anfühlt, wenn Sie bereits das erleben könnten, was Sie sich so von ganzem Herzen wünschen. Baden Sie mit allen Sinnen in dieser wunderbaren Vorstellung. Und dann stehen Sie auf und tun Sie etwas für Ihre geliebte Vision.

- Verlieben Sie sich noch mehr in das, was Sie wollen. Denn je mehr Sie für Ihre Vision glühen, desto leichter fällt es Ihnen, etwas dafür zu tun.

Nehmen Sie den Fuß vom Gaspedal.

Alles erreichen zu wollen, und das möglichst schnell – mit dieser Einstellung setzen Sie sich selbst schachmatt. Das wäre ungefähr so, als nähmen Sie an einem Marathonlauf teil und liefen dabei die ersten 1 000 Meter so schnell Sie können. Danach gingen Ihnen mit Sicherheit die Kraft und die Puste aus. Sie hielten nicht durch, weil Sie sich gleich zu Anfang der Strecke so unglaublich überanstrengt hätten. Doch mit Ideen und Vorstellungen verhält es sich genauso wie bei einem Marathonlauf: Sie brauchen auch für Ihre Vision einen langen Atem und ein starke Fokussierung. Sich völlig für die Idee aufzuopfern und auszupowern wäre genauso fatal wie das ständige passive Warten auf bessere Zeiten. Sie brauchen einen Rhythmus, der in Ihrem Alltag funktioniert. Teilen Sie sich also Ihre Kräfte richtig ein und finden Sie Ihr Tempo, in dem Sie sich Schritt für Schritt Ihrer Vision nähern. Vielleicht kommen Sie nur langsam voran, aber Sie halten durch – bis zur Ziellinie.

- Sie müssen nicht alles sofort erledigen. Es gibt immer nur eine Sache zu tun: das, was jetzt dran ist.

KEINE MISSERFOLGE, NUR
ERFAHRUNGEN

Können Sie mit Ihrer Vision scheitern? Kann das Ganze schiefgehen?
Ja, klar.

Sie bekommen nirgendwo eine Garantie, dass Sie das, was Sie wollen, auch tatsächlich verwirklichen werden. Was immer Sie auch anpacken, es kann danebengehen. Sie können das Essen, das Sie kochen, anbrennen lassen. Die Hängelampe, die Sie selbst gebaut haben, sieht furchtbar aus. Obwohl Sie jahrelang Gesangsunterricht genommen haben, kommen Sie in der Casting-Musikshow nicht einmal in den Recall. Sie machen sich mit einem Restaurant selbstständig, aber die Gäste bleiben aus, der Umsatz reicht nicht, um die Kosten zu decken. Ja, es kann sein, dass Sie Ihre Vision nicht so verwirklichen, wie Sie sich das wünschen.
Ich selbst praktiziere den Dreisatz der Gestaltung schon so lange, dass ich beides immer wieder erlebt habe: Visionen, die ich erfolgreich verwirklicht habe, und Visionen, die auf der Strecke geblieben sind.
Ich erinnere mich an all die wunderbaren Sträucher und Rosen, die ich um meine Terrasse herumgepflanzt hatte. Ich hatte eine Vision von einem Blütenmeer, von einem wunderbaren Farbenspiel, das die Terrasse umsäumt. Die meisten Sträucher und Rosen haben nicht

DAS SCHEITERN VERSTEHEN

Was bedeutet ein Misserfolg für Sie?

Das Ende?

Oder nur ein Übergangsstadium?

überlebt. Ein Großteil wurde das Opfer von Schnecken und seltsamen Blattkrankheiten. Ein anderer Teil hat den Boden nicht vertragen. Einige sehr teure Pflanzen starben vermutlich, weil ich sie in trockenen Zeiten zu wenig gegossen habe. Ja, das waren kostspielige Lernerfahrungen. Mittlerweile habe ich dort nur Pflanzen stehen, die mit mir und mit der Umgebung gut zurechtkommen.

Zu jedem Buch, das ich geschrieben habe, gibt es zwei bis drei angefangene Manuskripte, die unvollendet blieben. Ich nenne sie meine Buchruinen. Ich habe dabei gemerkt, dass ich nur die Bücher zu Ende schreibe, die innerlich ausgereift sind. Unreife, unausgegorene Buchideen verlaufen bei mir im Sande. Aber das verbuche ich nicht unter Misserfolge, sondern unter Lernerfahrungen. Zu jedem Vortrag und zu jedem Trainingskonzept, mit dem ich Geld verdient habe, habe ich zwei bis drei Ideen entwickelt, mit denen ich baden gegangen bin. Auch das sind wertvolle Lernerfahrungen.

Ja, die Sache kann schief gehen. Aber das gehört zum Gesamtpaket.

SCHIEFGEWICKELT ZU SEIN, GEHÖRT ZUM ENTWICKLUNGSPROZESS DAZU

Einiges funktioniert auf Anhieb. Andere Dinge kriegen wir erst beim dritten oder vierten Anlauf hin und bei einigen Visionen korrigieren wir auf halber Strecke unseren Kurs. Wir weichen ab von dem, was wir uns vorgenommen haben. Wir machen einen Umweg. Oder wir ändern insgesamt unsere Vision. Das sture Festhalten an einem bestimmten Kurs kann sehr schmerzhaft werden, wenn wir dabei ständig gegen eine Wand laufen. **Solange wir laufen, werden wir auch mal stolpern.** Solange Sie das gestalten, was für Sie passend ist, werden Sie auch mal schiefgewickelt sein und Fehler machen. Aber Sie können lernen, wie Sie damit fertig werden – ohne mutlos zu werden. **Manchmal zielen wir auf einen Stern und landen nur in seiner Umlaufbahn.** Das ist zwar nicht genau der Platz, an dem wir ankommen wollten, aber zumindest

STRATEGIE

DAS PANNENHILFE-SET

Informieren Sie sich und lernen Sie von anderen.

Sie müssen das Rad nicht neu erfinden. Nutzen Sie die Erfahrungen, die andere Menschen vor Ihnen gemacht haben. Das gilt besonders, wenn Sie viel Geld in die Hand nehmen, weil Ihre Vision sehr kostspielig ist. Bevor Sie Ihr Geld investieren, informieren Sie sich darüber, ob und wie andere mit dieser Vision schon pleitegegangen sind. Kurz gefragt: Wie haben andere Leute bei dieser Sache ihr Geld verloren und welche Fehler haben sie gemacht? Gut informiert zu sein kann Sie davor bewahren, die Fehler anderer zu wiederholen.

Gönnen Sie sich alle Gefühle, auch die schmerzhaften.

Wenn eine Sache, die Sie sich sehr gewünscht haben, nicht klappt, werden Sie sich vermutlich schlecht fühlen. Das heißt, Sie werden traurig, enttäuscht und auch wütend sein. Das Ganze tut weh – und das darf es auch. Versuchen Sie nicht, diese unangenehmen Gefühle zu verdrängen oder mit positivem Denken zu verleugnen. Steigern Sie sich nicht hinein, aber weichen Sie Ihren Empfindungen auch nicht aus. Gönnen Sie sich den Schmerz und fühlen Sie sich schlecht – solange es dauert.

Machen Sie aus dem, was schiefgeht, kein Selbstbild.

Wenn Sie einen Fehler machen, sind nicht Sie selbst der Fehler. Wenn etwas schiefgeht, heißt das nicht, dass das Ganze nichts für Sie ist oder dass Sie dafür nicht geeignet wären. Wenn ein kleines Kind beim Laufenlernen hinfällt, ist es dennoch dafür geeignet, auf zwei Beinen zu laufen.

Beurteilen Sie sich selbst nicht nach dem, was Ihnen gelingt oder nicht gelingt. Sie sind weder ein Gewinner noch ein Verlierer. Sie sind einfach nur jemand, der immer wieder das gestaltet, was passend und wichtig für ihn ist.

sind wir unserem Wunschziel sehr nahe gekommen. Jetzt können wir entscheiden, ob wir letztendlich doch noch auf dem Stern landen wollen, also an unserer ursprünglichen Vision festhalten und sie verwirklichen, oder ob wir zu einem neuen Ort aufbrechen, das bedeutet, eine neue Vision zu entwickeln.

Ob es uns gelingt oder nicht – alles, was wir in unser Leben bringen, ist am Ende wieder nur ein Ausgangspunkt oder eine Startrampe für eine neue Vision. Wo immer wir landen, von dort aus geht es weiter.

WAS SIE LERNEN, MACHT SIE JEDEN TAG EIN STÜCK STÄRKER

Bei jeder Vision, die Sie verwirklichen, passieren Dinge, die Sie nicht vorhersehen können. Ja, das Ganze ist eine Wundertüte. Aber eines gewinnen Sie auf jeden Fall: Sie werden klüger, kompetenter und stärker. Jeder Schritt, den Sie auf Ihre Vision zugehen, ist ein kleiner Lernprozess. Und die vielen kleinen Lernprozesse summieren sich zu immer größer werdenden Fähigkeiten und Qualifikationen.

Im Laufe der Zeit lernen Sie auch, wie Sie Durststrecken überstehen und Ihre kleinen Schweinehunde dressieren können. Sie trauen sich immer mehr zu. Sie merken, dass Sie das in Ihr Leben bringen können, was Ihnen guttut und was Sie begeistert.

Das ist eine enorm wertvolle Erfahrung. Diese Erfahrung ist besonders wichtig, wenn Sie in einer Krise stecken oder wenn Sie von einem Schicksalsschlag getroffen wurden. Dann wissen Sie: Es gibt einen Weg raus aus der dunklen Grube, raus aus dem Albtraum. Jeder Verlust, jede Niederlage ist nur ein neuer Startpunkt. Von dort aus ergibt sich eine neue Perspektive für Sie.

Nachdem Sie den Schmerz gespürt und die dazugehörigen Gefühle akzeptiert haben, beginnt etwas Neues in Ihnen zu keimen. Sie sind noch da. Und tatsächlich: Das Leben geht weiter. Und damit stellt sich die Frage: Was wäre jetzt das Passende für Sie?

QUINTESSENZ:
DREISATZ DER GESTALTUNG

Sie wissen, was Sie verwirklichen wollen – Ihre Vision

→ Bei einem Problem wissen Sie ganz genau, was Sie wollen und wie Ihre Vorstellung, Ihre Vision, dazu aussieht.

→ Sie können sich das vorstellen, was Sie so begeistert, dass Sie es gern in Ihr Leben bringen möchten.

→ Sie sehen vor Ihrem geistigen Auge, was für Sie das Richtige wäre.

→ Sie haben eine Vision gewählt, die Ihr nächster Entwicklungsschritt ist.

Ihre Bestandsaufnahme – was Ihnen zur Verfügung steht

→ Sie behalten Ihre Vision im Hinterkopf und schauen nach, was Sie dafür schon haben und was Sie jetzt schon dafür nutzen können.

→ Sie stellen fest, wo Sie in Hinblick auf Ihre Vision jetzt stehen und wo Sie am Ende ankommen wollen.

→ Sie haben einen (zunächst groben) Plan, wie Sie in Etappen Ihre Vision verwirklichen können.

Ihre Aktionen, mit denen Sie Ihre Vision verwirklichen

→ Sie entwickeln ein inneres Radar für Ihre Vorstellung und sammeln alle wichtigen Informationen rund um Ihre Vision.

→ Sie tun jeden Tag etwas für Ihre Vision. So bewegen Sie sich schrittweise oder auch nur millimeterweise auf Ihre Vision zu.

→ Sie sorgen dafür, dass Sie in Schwung kommen, indem Sie sich immer wieder vorstellen, wie es wäre, wenn Sie Ihre Vision erreicht haben.

→ Sie lernen, wie Sie ticken und wie Sie Ihre Schweinehunde dressieren.

DIE STÄRKE
DIE AUS DER RUHE KOMMT

Angst und Unsicherheit, innere Zweifel und Sorgen
sind die dunkle Seite der leuchtenden Medaille
Ihrer Vision. Solche Empfindungen sind ganz normal,
wenn Sie etwas Neues angehen. Doch davon müssen
Sie sich nicht unterkriegen lassen.

WENN ANGST IHR STÄNDIGER
BEGLEITER IST

In diesem Teil des Buchs geht es darum, wie Sie sich innerlich stabilisieren können. Mit meditativen Übungen beruhigen Sie Ihr aufgeregtes O-Nein-Zentrum im Gehirn. Falls Sie glauben, Sie wären ein hektischer und nervöser Typ, der nicht still sitzen kann – auch
dann können Sie meditieren: Es gibt für alle die passende Tiefenentspannung – auch für Leute, die Hummeln im Hintern haben.

Ich meditiere regelmäßig, jeden Tag. Als ich mich selbstständig machte, fing ich damit an. Meine Vision war, freiberuflich als Kommunikationstrainerin zu arbeiten. Diese Vorstellung liebte ich von ganzem Herzen – und gleichzeitig hatte ich 200 Tonnen Angst davor.

Ich hatte Angst davor, keine Aufträge zu bekommen und all mein erspartes Geld zu verlieren. Ich hatte Angst davor, meine Miete nicht mehr zahlen zu können und am Ende völlig verarmt und obdachlos unter einer Brücke schlafen zu müssen. Total pleite und gescheitert – das war meine Horrorvision. Für mich war das damals eine realistische Möglichkeit, wie die Sache ausgehen könnte. Im O-Nein-Zentrum meines Gehirns herrschte Daueralarm. Die Angst war mein ständiger Begleiter. Ich hatte Angst, wenn ich morgens aufwachte und wenn ich abends schlaflos im Bett lag. Tagsüber lauerte die Angst im Hintergrund – bereit, mich jederzeit zu überfallen. Wenn es nach dem O-Nein-Zentrum in meinem Gehirn gegangen wäre, hätte ich mich nie und nimmer selbstständig gemacht, sondern meine Vision in den Mülleimer geworfen und mir einen Angestelltenjob gesucht.

Ich liebte meine Vision von der beruflichen Selbstständigkeit. Aber ich brauchte irgendetwas, das mich von dieser Dauerangst erlösen konnte. Ich brauchte das dringend, um mit meiner Vision voranzukommen und um überhaupt den Tag zu überstehen.

KOSTENLOS UND EFFEKTIV – DIE MEDITATION

Glauben Sie mir, in dieser Zeit habe ich sehr viel ausprobiert. Am Ende war es die Meditation, die für mich am besten funktionierte. Ich lernte das Meditieren blitzschnell, denn es ist babyleicht. Für diese Technik braucht man keine Geräte, keine besondere Kleidung. Ich musste dafür kein Geld ausgeben und in keine spezielle Einrichtung gehen. Das hat mir von Anfang an gefallen. Aber das Wichtigste war: das Ergebnis. Ich wurde innerlich ruhiger. Mir fiel auf, dass ich mir weniger Sorgen machte, wenn ich etwas ganz Neues anpackte. Statt mir viele Gedanken darüber zu machen, was alles schiefgehen könnte, tat ich es einfach. Ich handelte, ohne vorher lange herumzugrübeln. Dabei hatte ich mehr Energie und schaffte mehr von dem, was ich mir vorgenommen hatte. Der Alltag lief wie geschmiert und eine ganz neue Sorglosigkeit machte

KEIN ZIEL HABEN, KEINE ABSICHT

Bei der Meditation geht es **nicht** darum, irgendetwas zu schaffen, zu erreichen oder zu bewältigen.

Es geht nur ums Da-Sein.

sich in mir breit. Ich fühlte mich stabiler und mutiger. Ich merkte, dass es in mir etwas gibt, das völlig still und zugleich unverwundbar ist. Zweimal am Tag sitze ich auf einem Stuhl und meditiere. So wie ich auch zweimal am Tag meine Zähne putze. Das Meditieren dauert nur ein paar Minuten länger. Wenn ich sehr gestresst bin, meditiere ich auch dreimal am Tag. Ich habe immer noch ein O-Nein-Zentrum im Gehirn, das schnell auf undertachtzig ist. Aber seit ich regelmäßig meditiere, kann ich dieses O-Nein-Zentrum beruhigen. Ich mache mir weniger Sorgen, schlafe nachts besser, fühle mich ausgeglichener. Für mich ist die Meditation eine zuverlässige Rettungsweste in turbulenten Zeiten. Und wenn die Zeiten ruhiger sind, werde ich durch das Meditieren kreativer und spontaner.

WIE FÜR SIE GEMACHT!

Nach meinen Erfahrungen spaltet die Idee, regelmäßig zu meditieren, die Menschen in drei Lager:

→ Die einen finden, das sei esoterisch-spiritueller Unsinn, mit dem sie nichts anfangen können.

→ Die anderen sind interessiert und offen dafür, kommen aber nicht dazu, es selbst zu tun. Keine Zeit, kein Durchhaltevermögen. Oder sie haben das Meditieren mal ausprobiert, aber damit schnell wieder aufgehört.

→ Die dritte Gruppe, zu der auch ich gehöre, meditiert tatsächlich, weil es für sie enorm viele Vorteile hat.

Bevor Sie jetzt sagen »Nein danke, Meditation ist nichts für mich«, möchte ich Sie bitten, trotzdem weiterzulesen. Meditation ist wirklich ganz anders, als Sie denken. Es gibt viele unterschiedliche Meditationsformen. Einige davon stelle ich Ihnen in diesem Kapitel vor. Sie finden hier sicherlich eine Meditation, die wie für Sie gemacht ist. Meditation ist schon lange keine exotische Angelegenheit mehr, die nur in speziellen religiösen oder esoterischen Kreisen praktiziert wird. Sie ist mittlerweile eine gut erforschte und auch in medizinischen Kreisen anerkannte Behandlungsmethode, die vielen Menschen hilft.

EASY GOING! ALLTAGSMEDITATION

Von der regelmäßigen Meditation profitieren besonders diejenigen, die unter Stresserkrankungen, Burnout, psychosomatischen Erkrankungen, Angststörungen und Schlaflosigkeit leiden. Aber Meditation ist auch gerade unter kreativen Menschen sehr verbreitet. Diejenigen, die ihr Geld mit immer neuen Ideen, mit Kunst und Fantasie verdienen, brauchen eine Methode, mit der sie einerseits inspiriert werden und andererseits auch ihr O-Nein-Zentrum beruhigen können. Denn das regt sich zuverlässig bei jeder neuen Vision auf. Und sehr viele Menschen meditieren einfach nur, weil sie sich dadurch besser fühlen.

MANCHE MENSCHEN HABEN REGELRECHT VERGESSEN,
WIE ES SICH ANFÜHLT,
VÖLLIG ENTSPANNT ZU SEIN.

JON KABAT-ZINN (MEDITATIONSLEHRER)

KRAFTSPENDER

7 GUTE GRÜNDE FÜR DAS MEDITIEREN

1.Sie können Meditieren leicht und kostenlos erlernen.

Meditieren ist noch einfacher, als sich die Zähne zu putzen. Sie können sofort damit anfangen. Es spielt keine Rolle, wie alt Sie sind, welche Schulbildung Sie haben oder wie viel Geld Sie besitzen.

2.Sie werden ruhiger, ausgeglichener und mutiger.

Durch das Meditieren beruhigt sich Ihr O-Nein-Zentrum im Gehirn. Es bekommt mehr Impulse, sich zu entspannen. Dadurch kommen Sie runter von der Palme. Sie fühlen sich weniger ängstlich, weniger gestresst und werden nicht mehr so schnell wütend. Das ist auch für Ihren Körper eine echte Wohltat. Bei vielen Menschen, die regelmäßig meditieren, verbessern sich Krankheitssymptome, die aufgrund von zu viel Stress entstanden sind. Damit ist das Meditieren ein wichtiger Beitrag für Ihre seelische und für Ihre körperliche Gesundheit.

3.Sie bekommen Abstand zum täglichen Funktionieren.

Jede Meditation ist eine Übung im Loslassen. Ein- bis zweimal am Tag lassen Sie alles los, was Sie bedrückt und was innerlich an Ihnen zerrt. Während Sie meditieren, sind Sie ganz bei sich, ohne sich anzustrengen, ohne Leistungsdruck. Das ist eine der besten Erleichterungen, die es überhaupt gibt. Und die bekommen Sie einfach, indem Sie sich regelmäßig hinsetzen und nichts tun.

4.Ihr aufgedrehtes Denken wird sich beruhigen.

Dieses ständige Gedankengeplapper im Kopf kann Sie mehr stressen als die realen Tatsachen, mit denen Sie es zu tun haben. Nur allein durchs Nachdenken können Sie sich ängstigen oder sich ärgern. Die Meditation sorgt dafür, dass Sie aus Ihrem Kopftheater rauskommen. Wenn Sie sich an das Meditieren gewöhnt haben, passiert es Ihnen immer öfter, dass sich Ihre Gedanken beruhigen. Das Denken wird leiser und tritt mehr in den Hintergrund. Dann spüren Sie, wie wunderbar es ist, einfach nur da zu sein – ohne sich dauernd Gedanken zu machen.

5.Sie haben mehr gute Ideen und werden kreativer.

Das regelmäßige Meditieren öffnet Ihnen das Tor zu Ihrer Inspiration. Sie haben mehr gute Einfälle, die Ihnen helfen, Ihre Vision zu verwirklichen. Sie finden eine Lösung für ein Problem, das Sie schon lange quält. Plötzlich wissen Sie auch, womit Sie Tante Luise zu ihrem Geburtstag eine Freude machen können. Ihnen fällt wieder ein, wo Sie die Parmesanreibe hingelegt haben. Meditation »entschlackt« Ihr Denken und bringt frischen Wind in Ihre Gehirnwindungen.

6.Ihre Tatkraft und Ihr Selbstvertrauen wachsen.

Durch regelmäßige Meditation werden Sie im Laufe der Zeit innerlich robuster und ausgeglichener. Anfangs werden Sie es kaum bemerken, aber Ihr Selbstvertrauen wächst: jeden Tag ein wenig mehr. Irgendwann stellen Sie erstaunt fest, dass Sie unbekümmerter geworden sind. Sie trauen sich an Aufgaben heran, vor denen Sie früher einen ziemlichen Bammel hatten. Sie gehen unbeschwerter auf Leute zu, die Sie früher eingeschüchtert haben. Sie werden entscheidungsfreudiger und zweifeln weniger an sich selbst. Sie packen Ihr Leben beim Schopf und leben es einfach.

7.Meditation verbindet Sie mit einer größeren Weisheit.

Sie bekommen Zugang zu einer umfassenden Intelligenz, die Sie immer unterstützt. Das ist Ihre eigene Weisheit, die immer da ist, aber die meiste Zeit von Ihren Alltagsgedanken überdeckt wird. Erst wenn Sie ein paar Momente still sind, kann sich diese Weisheit bemerkbar machen. Dann sickert sie langsam in Ihr Denken und Fühlen ein. In Ihrem Alltag gibt es immer mehr Zufälle, die Ihnen bei Ihrer Vision helfen.

Der Platz, den ich hier im Buch habe, reicht bei Weitem nicht aus, um vollständig über die Meditation zu berichten. Ich habe mich hier auf die Informationen und Übungen beschränkt, die zum Thema dieses Ratgebers passen. Wenn Sie mehr wissen wollen, vor allem über die gesundheitlichen Aspekte der Tiefenentspannung, empfehle ich Ihnen das Buch *Gesund durch Meditation. Das große Buch der Selbstheilung* von Jon Kabat-Zinn. Ich liebe dieses Werk. Es ist so ungeheuer praktisch, voller nützlicher Tipps und es beantwortet alle Fragen rund um die Meditation. Darüber hinaus ist es ein besonders wertvolles Buch für Menschen, die seelisch oder körperlich leiden. Und dieses Leiden erleben wir alle hin und wieder in unserem Leben. Gut zu wissen, wie wir unsere Selbstheilungskräfte mobilisieren können.

Für mich ist die Meditation auch ein Schmiermittel für den Alltag. Das Leben »flutscht« besser und alles verläuft reibungsloser. Gute Zufälle pflastern meinen Weg. Mein Handeln ist fokussierter und ich bin weniger schusselig, wenn ich regelmäßig meditiere. Alles, was das Meditieren bei mir bewirkt hat, entstand allmählich und langsam. Es gab keinen einmaligen Paukenschlag und auch keinen Durchbruch. Mein innerer Zustand veränderte sich sozusagen tröpfchenweise. Nach einer einzelnen Meditation war kaum ein Unterschied zu spüren. Aber nach einigen Wochen, in denen ich regelmäßig meditiert hatte, spürte ich die Veränderungen. Ich fühlte mich stärker.

STILL SITZEN, NICHTS TUN,
DER FRÜHLING KOMMT,
DAS GRAS WÄCHST.

ZENWEISHEIT

KOPF AUS, HERZ AN:
HIER UND JETZT

Ich empfehle Ihnen, sich zu Hause einen Platz zu suchen, an dem Sie ungestört zehn bis zwanzig Minuten einfach für sich sitzen können. Ich sitze beim Meditieren gerne auf einem Stuhl mit gerader Rückenlehne. Aber auch im Schneidersitz auf dem Fußboden kann ich mich tiefenentspannen, aber das mache ich kaum noch. Meine Augen sind geschlossen. Meine Hände liegen lose auf meinen Oberschenkeln. Ich trage beim Meditieren ganz normale Alltagskleidung. Meistens mache ich den Knopf oben am Hosenbund auf, damit mein Bauch beim Sitzen nicht so eingezwängt wird. Viele Brillenträger setzen beim Meditieren auch gerne ihre Brille ab.

EIN ANKERPLATZ FÜR DIE AUFMERKSAMKEIT

Kaum setze ich mich zur Meditation hin, beginnen meine Gedanken zu wandern. Um den Geist wieder zur Ruhe zu bringen, ist es gut, sich vorher für ihn einen sicheren Hafen zu suchen: Dort können Sie wie ein Schiff vor Anker immer wieder in aller Ruhe andocken und sich von Ihren Gedankenwirbeln lösen.

Ich meditiere mithilfe eines Mantras. Dieses kann aus Lauten bestehen, aus Worten wie zum Beispiel »Frieden«, »Liebe«, »Stille«, oder eine Abfolge von Silben wie »Lu-ma« oder nur einer Silbe wie »OM«. Manche nehmen auch ganze Sätze. Immer ist es ein Ankerplatz für die Aufmerksamkeit: Wenn meine Gedanken mich ablenken, gehe ich mit meiner Aufmerksamkeit immer wieder zu meinem Mantra. Und das geht die ganze Zeit so: Ablenkung und zurück zum Mantra.

Viele finden es am einfachsten, **die eigene Atmung als sicheren Hafen zu nutzen.** Falls Sie Ihren Atem als Ankerplatz nehmen, spüren Sie Ihren Atem entweder an der Nase vorbeiströmen. Oder Sie achten beim Ein- und Ausatmen auf Ihre Bauchregion und spüren, wie sich Ihre Bauchdecke dabei hebt und senkt.

Auch eine brennende Kerze oder eine schöne Blume sind als Anker-platz für die Aufmerksamkeit beliebt. Probieren Sie einfach aus, womit Sie am besten klarkommen. Immer wenn Sie während der Meditation abgelenkt werden – und das passiert mit Sicherheit – kehren Sie innerlich zurück zu Ihrem Ankerplatz. Und dann kommt die nächste Ablenkung und auch dann kehren Sie zurück zu Ihrem Mantra und so weiter … bis die Meditationszeit vorbei ist.

DIE INNERE UNRUHE AUSSITZEN

Was während der Meditation passiert, ist für mich immer noch erstaunlich, obwohl ich schon so lange dabei bin. Ich setze mich aufrecht und entspannt auf meinen Stuhl, schließe die Augen und achte auf mein Mantra. Und dann geht es los: Wellen von Unruhe brechen über mich herein. Bei meinen ersten Versuchen war diese Unruhe eine Überraschung, die mich total irritiert hat. Ich dachte damals, ich würde etwas verkehrt machen. Heute weiß ich: Das ist ganz normal.

ALLES DARF SICH ZEIGEN

Während der Meditation dürfen alle Ablenkungen, alle Gedanken, Empfindun-gen und Geräusche auftauchen. Sie werden kommentarlos zur Kenntnis genommen und wieder losgelassen. Denn Meditation heißt, mit offener Aufmerksamkeit gegenwärtig zu sein – ohne Urteil, ohne Erwartung.

Ich sitze da mit geschlossenen Augen und mein Zeh fängt an zu jucken. Mir fällt schlagartig ein, dass ich versprochen hatte, heute Morgen jemanden anzurufen, und meine Gedanken sagen mir: »Vergiss das bloß nicht.« Obwohl ich noch immer meditiere, überlege ich, was ich nachher am Telefon sagen will. Dann fällt mir auf, dass ich in Gedanken versunken bin, und ich kehre zurück zu meinem Mantra. Draußen leert die Müllabfuhr die Tonnen aus und das poltert ziemlich laut. Mein Bauch gluckert und ich muss aufstoßen. Ich überlege, was mir da so schwer im Magen liegt, da merke ich, dass ich eigentlich immer noch meditiere. Ich kehre zurück zu meinem Mantra. Mein Zeh juckt immer noch. Und dann fällt mir ein, wo ich den zweiten Autoschlüssel hingelegt habe. Ich kehre zurück zu meinem Mantra. Ich denke darüber nach, ob die Meditationszeit schon vorbei ist und wie lange ich hier noch still sitzen muss. Und dann kehre ich zurück zu meinem Mantra. Sie merken schon, beim Meditieren geht es darum, jede Art von Ablenkung und Unruhe immer wieder loszulassen. Erstaunlicherweise bringt das dem Gehirn die ersehnte Ruhe.

KLAR KÖNNEN SIE MEDITIEREN!

Sie setzen sich still hin, um in Ruhe zu meditieren, und erleben nun lauter Wellen von Unruhe, die über Sie hinwegrollen. Körperempfindungen, Erinnerungen, gute Einfälle, Geräusche aller Art und immer wieder Gedanken – alles scheint Sie einzufangen und ablenken zu wollen. Falls Sie mit dem Meditieren anfangen, kann das für Sie eine Überraschung sein, mit der Sie nicht gerechnet haben.
Genau wegen dieser Unruhe geben manche Menschen das Üben schnell wieder auf. Sie haben es ausprobiert, wurden von der Unruhe durchgeschüttelt und dachten, das sei verkehrt. Weil diese Menschen nicht zur Ruhe kamen, gingen sie davon aus, sie wären für eine Meditation nicht geeignet. Das ist wirklich sehr schade. Denn jeder kann meditieren. Nur ist das stille Sitzen anders, als die meisten

erwarten. Beim Meditieren sitzen wir nicht in Ruhe, sondern wir sitzen mit der Unruhe. Die ersehnte Ruhe ist eine Nebenwirkung, die wir dann bekommen, wenn wir die Unruhe immer wieder loslassen. Auch wenn Sie hektisch sind, unter Druck stehen und die Gedanken Ihnen sagen, das Meditieren sei bloße Zeitverschwendung – bleiben Sie sitzen und kehren Sie zurück zu Ihrem Mantra, Ihrem Atem, Ihrer Kerze oder Blume. So lange, bis Ihre Meditationszeit um ist.

Bei jedem Gedanken, der Ihnen durch den Kopf geht, bei jedem Geräusch und auch wenn es irgendwo am Körper juckt oder kribbelt, gibt es nur eine Antwort: zurück zum Fokus. Das ist alles. Mehr nicht. Das, was während der Meditation auftaucht, müssen Sie nicht analysie-ren. Keinesfalls müssen Sie sich deswegen kritisieren oder verurteilen. Stellen Sie sich vor, die Meditation wäre eine kleine geistige und emotionale Detox-Kur. Die im Lauf der Zeit angesammelten Schlacken, Giftstoffe und Ablagerungen kommen auf diese Weise nach oben und werden dann ganz einfach losgelassen. Alles darf sich dabei zeigen und nichts davon bleibt an Ihnen kleben.

DIE EIGENE UNRUHE ERTRAGEN

Meditation ist in meinen Augen keine Technik, um spirituell abzu-heben oder um in irgendwelche höhere Sphären aufzusteigen. Es ist vielmehr das schlichte Sitzen mit der eigenen Unruhe.

Bei mir ging es nie darum, irgendwelche spirituellen Trophäen zu erringen. Für mich war es nur wichtig, jeden Tag mit der eigenen Aufregung ruhig zu sitzen, alles loszulassen und mich dadurch zu stärken. Dabei habe ich nach und nach gelernt, meine Meditationen nicht zu beurteilen. Es gibt keine guten oder schlechten Sitzungen. Alles, was auftaucht, gehört dazu und alles darf sein. Selbst dann, wenn ich während der ganzen Meditation aufgeregt bin oder in Gedanken schwelge, ist das inzwischen für mich in Ordnung.

Ich meditiere, ohne dabei irgendetwas Bestimmtes zu wollen oder zu vermeiden.

KRAFTSPENDER
STARTHILFE FÜR RUHE IM KOPF

- Sorgen Sie zuerst dafür, dass Sie ein wenig ruhiger werden und runter-kommen. Es ist empfehlenswert, vor der Meditation nicht zu viel Kaffee zu trinken. Das Koffein im Kaffee kann Sie hibbelig und nervös machen.

- Das Einfachste ist das Spüren der eigenen Atmung. Ihre Atmung ist immer da. Fühlen Sie, wo es für Sie leichter ist, Ihre Atmung zu spüren. An der Nase, beim Ein- und Ausströmen der Luft? Oder an der Bauchdecke, wenn die Lungen sich ausdehnen und wieder zusammenziehen?

- Wenn Sie ein Wort oder Silben als Mantra nehmen, empfehle ich Ihnen, darauf zu achten, dass Ihnen der Klang gefällt. Sie sagen das Mantra zwar nur im Stillen – eigentlich denken Sie das Mantra nur –, trotzdem ist es wichtig, dass das Mantra zu Ihnen passt.

- Achten Sie darauf, dass Sie während der Meditation nicht gestört werden.

- Suchen Sie sich einen Stuhl, auf dem Sie gerade sitzen können. Das gerade, aufrechte Sitzen lässt die Atmung besser fließen und soll verhindern, dass Sie während der Meditation einschlafen. Das kann tatsächlich passieren und ist eine Ablenkung, ein Teil der Unruhe. Auch wenn Sie schläfrig werden, kehren Sie zurück zu Ihrem Ankerpunkt.

- Sorgen Sie dafür, dass Ihre Kleidung Sie nicht beengt oder einschnürt. Ich selbst nehme vor dem Meditieren auch immer meine Brille und meine Armbanduhr ab und öffne den Hosenknopf.

- Bevor Sie anfangen, überprüfen Sie kurz Ihre Sitzhaltung. Setzen Sie sich aufrecht und zugleich auch entspannt hin, sodass Sie in dieser Haltung sehr lange sitzen könnten, ohne sich zu bewegen.

- Fangen Sie ruhig klein an. Anfangs reichen drei bis fünf Minuten aus, in denen Sie still sitzen und meditieren. Später können Sie die Meditationszeit

Fortsetzung auf Seite 72

Fortsetzung von Seite 71

jede Woche um zwei Minuten verlängern. Ich selbst meditiere gern zwischen 15 und 20 Minuten. Aber als ich damit anfing, bedeutete es für mich schon eine große Herausforderung, zweimal am Tag für nur fünf Minuten zu sitzen.

- Schauen Sie während der Meditation nicht auf Ihre Uhr. Wenn Sie möchten, können Sie sich anfangs eine Küchenuhr oder einen Timer so einstellen, dass Sie nach drei oder fünf Minuten einen Klingelton hören. Oder Sie laden sich auf Ihr Smartphone eine Meditations-App, die einen Gong erklingen lässt. Bitte beachten Sie dabei, dass Sie sich während der Meditation voll und ganz entspannen und dass zugleich Ihre Sinne – auch Ihr Gehör – sensibler werden. Deshalb sollte der Klingelton auf gar keinen Fall zu laut oder zu schrill sein. Das könnte Sie erschrecken und die schöne Entspannung wäre gleich wieder futsch. Wenn Sie aber regelmäßig das stille Sitzen üben, bekommen Sie langsam, aber sicher auch ein verlässliches Zeitgefühl. Später brauchen Sie keinen Klingelton mehr, um zu wissen, wann Ihre Meditationszeit vorbei ist.

- Schließen Sie die Augen, sobald Sie Ihre Übungshaltung eingenommen haben. Gehen Sie mit Ihrer Aufmerksamkeit zu Ihrem Fokus. Spüren Sie den Rhythmus Ihres Atems, das Ein- und wieder Ausatmen. Oder sagen Sie in Gedanken Ihr Mantra immer wieder auf. Wenn Sie durch irgendetwas von ihm abgelenkt werden, merken Sie das früher oder später. Dann kehren Sie in aller Ruhe und ohne es zu bewerten zu diesem oder zu Ihrer Atmung zurück. Sie nehmen Ihr Mantra wieder auf – ohne sich wegen der Ablenkung zu ärgern, ohne auf sich zu schimpfen, ohne darüber nachzudenken. Egal, wodurch Sie abgelenkt werden, Sie kehren immer wieder zurück zu Ihrem Ankerpunkt. Das ist sehr einfach und doch sehr wirkungsvoll.

- Nach der Meditation bleiben Sie mit geöffneten Augen noch ein wenig sitzen und spüren nach. Gehen Sie mit allen Ihren Sinnen direkt ins Hier und Jetzt. Einfach nur merken, wie Sie da sitzen und was Sie um sich herum mit wachen, frischen Sinnen wahrnehmen. Genießen Sie diese Momente des puren Daseins. Nichts tun, einfach nur sein.

HILFE! ICH KANN NICHT STILL SITZEN!

Wenn es Ihnen sehr schwerfällt, während der ersten Meditationen still zu sitzen, dann ist das kein Grund zur Sorge. Das geht den meisten aktiven Menschen so. Dieses Nicht-still-sitzen-Können ist normal und es ist nur ein Zeichen dafür, dass eine Gewohnheit Ihren Alltag bisher sehr geprägt hat: die Gewohnheit, ständig beschäftigt zu sein, ständig etwas tun zu müssen, ständig etwas auf der To-do-Liste zu haben, ohne sich zwischendurch Ruhe zu gönnen. Sie sind in Ihrem Alltag viel zu oft im Tun-Modus und viel zu selten im Sein-Modus.
Das Meditieren ist für die Vielbeschäftigten wie eine Vollbremsung. Normalerweise sind alle, die so viel zu tun haben, mit hundert Stundenkilometern unterwegs und jetzt sollen sie plötzlich auf null runterkommen und still sitzen. Für manche ist diese Kluft anfangs zu groß. Kurz still sitzen geht zwar, aber dann springt der Tun-Modus wieder an und will beschäftigt werden. Er sucht nach Ablenkung, nach Reizen, nach Aktivitäten, kurzum: Der Tun-Modus will etwas erreichen oder zumindest gut unterhalten werden.

ERST DAMPF ABLASSEN, DANN STILL WERDEN

Sie können sich das Meditieren erleichtern, indem Sie Ihrem Tatendrang einen kleinen Tummelplatz geben. Lassen Sie ihm ein wenig Freiraum, um sich auszutoben, bevor Sie meditieren.
Folgende Anregungen können Ihnen dabei helfen. Seien Sie neugierig und probieren Sie aus, was für Sie funktioniert.
Probieren Sie vor der Meditation, …

→ *… sich auszuschütteln.* Zuerst schütteln Sie Ihre Arme bis in die Fingerspitzen aus, so als wollten Sie Wasser abschütteln. Dann jedes Bein einzeln und zum Schluss den ganzen Oberkörper zusammen mit den Armen durchschütteln. Lassen Sie dabei den Körper weicher werden, ganz so, als würden Sie die Härte herausschütteln.

→ … *auf und ab zu hüpfen*. Hüpfen Sie auf der Stelle und atmen Sie dabei stoßweise aus, am besten mit einem »Hah!« bei jedem Hüpfer. Hüpfen kann ziemlich lustig sein, also lächeln Sie ruhig dabei. Mit jedem Hüpfer und mit jedem »Hah!« lassen Sie Spannungen los. Machen Sie das so lange, bis Sie das Gefühl haben, außer Atem zu sein.

→ … *eine Runde zu tanzen*. Holen Sie Ihre Tanzmusik hervor und dann geht es los. Bewegen Sie sich zu dem Rhythmus und lassen Sie den Körper dabei in Wallung kommen. Notfalls geht das auch ohne Musik. Wichtig ist, dass Sie Spaß haben und sich locker machen.

→ … *sich zu dehnen*. Wenn es schnell gehen muss, kann ein kräftiges Dehnen und Strecken Sie entspannen. Dehnen Sie sich im Stehen und anschließend im Sitzen, so als würden Sie gerade aus dem Schlaf erwachen. Lassen Sie Ihren Körper länger werden. Dehnen Sie Ihre Arme, den Oberkörper und im Sitzen auch die Beine. Halten Sie dabei den Mund ein wenig geöffnet. Dieser leicht geöffnete Mund führt oft dazu, dass ein herzhaftes Gähnen entsteht. Das Gähnen ist ein tiefer Atemzug, bei dem das Gesicht sich entspannen kann.

WAS NOCH ALLES HILFT

Selbstverständlich können Sie sich noch viel intensiver bewegen und sich vorher beim Sport auspowern. Falls es Ihnen weiterhin schwerfällt, sich still hinzusetzen, können Sie Ihre Meditation mit Bewegung verbinden. Ich empfehle Ihnen die Geh-Meditation. Dabei gehen Sie eine bestimmte Strecke ganz bewusst und sehr langsam. Jeder einzelne Schritt ist ein Anker für Ihre Aufmerksamkeit. Sie müssen dazu nicht besonders weit gehen und auch nirgendwo ankommen. Sie können in einem Zimmer im Kreis herumgehen oder von einer Wand zur anderen. Genauso wie bei der Meditation im Sitzen nehmen Sie auch beim Gehen alles wahr, was auftaucht. Sie lassen alles immer wieder los, indem Sie auf den Schritt achten, den Sie gerade machen. Für diese Geh-Meditation brauchen Sie ebenfalls einen geschützten Raum.

MEDITATION
DiE GEH-MEDITATION

- Suchen Sie ein Zimmer, in dem Sie ungestört sind. Sie können von einer Wand zur anderen oder im Kreis gehen – je nach Platz.

- Nehmen Sie sich anfangs fünf Minuten Zeit für diese Geh-Meditation. Nach einer Weile können Sie die Meditationszeit beliebig verlängern.

- Stellen Sie sich aufrecht hin und achten Sie darauf, wie sich Ihr Körper anfühlt. Sie können mögliche Spannungen bewusst loslassen. Vielleicht möchten Sie auch etwas mehr Dampf ablassen, indem Sie sich schütteln, hüpfen oder sich dehnen.

- Lassen Sie Ihre Augen offen. Richten Sie Ihre Aufmerksamkeit auf Ihre Füße und machen Sie bewusst und langsam einen Schritt. Dabei müssen Sie nicht Ihre Füße anschauen. Fühlen Sie vielmehr jeden Schritt.

- Machen Sie nur kleine Schritte. Die kleinen Schritte sorgen dafür, dass Sie während der Geh-Meditation nicht das Gleichgewicht verlieren.

- Spüren Sie genau, wie sich ein Fuß vom Boden löst und wie er den Boden wieder berührt. Und wie sich gleichzeitig der andere Fuß vom Boden löst.

- Wenn Sie sich im Zimmer umdrehen, nehmen Sie bewusst wahr, wie Sie diese Drehung ausführen und wie Sie dabei Ihre Füße aufsetzen.

- Wie bei der Meditation im Sitzen meldet sich auch hier Unruhe in Form von Gedanken und Ablenkungen. Sie nehmen alles wahr, was auftaucht – ohne Widerstand. Sie lassen die Unruhe immer wieder los, indem Sie Ihre Aufmerksamkeit davon abziehen und sich dem Gehen zuwenden. Der Schritt, den Sie gerade machen, ist der Ankerplatz für Ihre Aufmerksamkeit.

- Beenden Sie die Meditation und stehen Sie still. Genießen Sie das pure Dasein und spüren Sie den Boden, der Sie trägt.

MINI-MEDITATIONEN FÜRS HIER UND JETZT

SPÜREN SIE IHREN ATEM

Atmen Sie tief ein und aus. Dabei fühlen Sie den jeweiligen Atemzug. Bleiben Sie beim Fühlen des Atems, bis Sie deutlich merken, dass sich Ihre Gedanken beruhigen.

LAUSCHEN SIE DEN GERÄUSCHEN IM HINTERGRUND

Durch das pure Hören kommen Sie in Kontakt mit der Weite, die Sie umgibt. Bleiben Sie beim Hören, ohne darüber nachzudenken, was Sie hören. Einfach nur hören.

MACHEN SIE FÜR SICH EINE KLEINE TEE-ZEREMONIE.

Setzen Sie an einen ruhigen Ort.
Lassen Sie jeden Schluck im Mund zergehen,
ganz so, als hätten Sie noch nie Tee getrunken.
Bleiben Sie mit allen Ihren Sinnen beim
Teetrinken – bis die Tasse leer ist.

ERLAUBEN SIE SICH, ALLES ZU FÜHLEN.

Fühlen Sie ganz bewusst, was
Sie gerade empfinden. Auch
wenn das Gefühl vielleicht
unangenehm ist, heißen Sie es
willkommen. Denken Sie nicht
darüber nach. Fühlen Sie nur.

SIE MÜSSEN
NICHTS MÜSSEN

Die wirkungsvollsten Meditationen sind genau die, in denen wir nichts besonders wollen: keine Erwartungen, kein Anspruchsdenken, kein Druck. Einfach mit dem sitzen, was sich gerade zeigt – und immer wieder alles loslassen. Gehen Sie vor jeder Meditation bewusst raus aus Ihrer Arbeitshaltung. Weg vom Tun, hin zum bloßen Dasein. Atmen Sie aus und lassen Sie alle Anspannungen aus Ihrem Körper fließen. Mit jedem Ausatmen dürfen sich Druck und Verkrampfungen auflösen. Überprüfen Sie: Wenn es irgendwo in Ihrem Körper noch eine Anspannung gibt, atmen Sie aus und lassen Sie diese los.

Ich weiß, es klingt vielleicht seltsam, aber für viel beschäftige Menschen ist das die größte Herausforderung: dazusitzen und nichts weiter zu tun. Wenn Sie mir ein wenig ähnlich sind, merken Sie am Anfang, wie schwer das ist. Früher habe ich in den ersten Minuten der Meditation immer den Druck gespürt, jetzt aufzustehen und etwas »Richtiges« zu tun. Es kommt in unserem Leben sehr selten vor, dass wir einfach nur da sind, ohne etwas erreichen zu müssen.

Dieses Nicht-still-sitzen-Können gehört zur Unruhe. Doch Sie wissen, was Sie während der Meditation mit ihr machen: Sie lassen sie los und kehren zurück zu Ihrem Mantra oder Ihrem Atem. Egal, wie sehr die Unruhe an Ihnen zerrt, Sie bleiben sitzen – bis die Zeit um ist.

ECHTE STÄRKE BESTEHT DARIN, ...

regelmäßig aus dem Tun rauszukommen, um im Sein zu verweilen.

VISION VERWIRKLICHT – MUTTER IN PANIK

Nina und ihr Mann haben gemeinsam ihre Vision verwirklicht. Und da war sie jetzt: Sie hieß Tabea und war vier Wochen alt. Wie das bei verwirklichten Visionen so üblich ist, gab es ein paar Nebenwirkungen. Die kleine Tabea stellte das Leben ihrer Eltern total auf den Kopf, besonders das ihrer Mutter Nina.

Nina war dieses »Mutter-Ding«, wie sie es nannte, nicht gewohnt. Sie fühlte sich unsicher, besonders wenn die Kleine schrie. Ninas O-Nein-Zentrum im Gehirn war jedes Mal sehr alarmiert, wenn das Baby weinte, und es machte ihr Angst.

Dieses Angstgefühl führte bei Nina zu Gedanken, mit denen sie an sich selbst zweifelte: Vielleicht machte sie mit dem Baby alles falsch und deshalb schrie es so oft. Oder ihr fehlte der Mutterinstinkt. Womöglich hätte sie gar kein Baby bekommen sollen. Durch solche Gedanken steigerte sich Nina immer mehr in ihre Angst hinein.

DIE BESTE MEDITATION FÜR MENSCHEN, DIE KEINE ZEIT HABEN

In solchen Situationen scheint die Vorstellung, regelmäßig zu meditieren, etwas zu sein, das Lichtjahre entfernt ist und in einer anderen Galaxie existiert. Dennoch brauchte Nina dringend etwas, das ihr O-Nein-Zentrum beruhigte. Auf keinen Fall wollte sie Medikamente nehmen, obwohl ihr das ein Arzt empfohlen hatte.

Nina probierte es schließlich doch mit einer Meditation aus. Es war eine sehr kurze Entspannungseinheit, die für sie zeitlich gut machbar war und die auch nicht aus einem fernen, esoterischen Sternennebel kam. Diese kleine Meditation, die ich Ihnen gleich vorstelle, dauert nur drei Minuten und ist sehr einfach. Dennoch wird dabei das O-Nein-Zentrum in unserem Gehirn beruhigt.

GANZ SCHNELL SICHERHEIT FINDEN

Wenn in Ihnen ein emotionaler Sturm tobt, dann ist die Drei-Minuten-Meditation ein sicherer Hafen, in dem Sie Halt finden.

Ich empfehle Ihnen die nachfolgende Meditation besonders, wenn Sie denken, das Meditieren sei nichts für Sie. Vielleicht sind Sie der Meinung, Sie könnten nicht regelmäßig meditieren, weil Ihr Leben total auf dem Kopf steht oder weil Sie einen turbulenten Alltag haben, in dem es oft drunter und drüber geht. Auf der anderen Seite wissen Sie natürlich, dass es für Sie wirklich gut wäre, zweimal am Tag zu verschnaufen, eben *weil* Ihr Leben so turbulent ist. Es wäre eine großartige Erholungsmaßnahme für Sie, wenn Sie Ihr hyperaktives O-Nein-Zentrum öfter mal runterfahren könnten.

Vielleicht hat Ihnen bisher einfach eine Meditation gefehlt, die Sie gut zwischendurch einschieben können. Die folgende Meditation dauert nur drei Minuten. Drei Minuten, in denen Sie nur auf Ihre Atmung achten. Die Drei-Minuten-Meditation ist so kurz, dass Sie sie auch in einem wilden Alltag unterbringen können.

Diese Meditation kann vielleicht keine Wunder vollbringen. Aber sie kann Sie für ein paar Momente aus einem Stressstrudel herausbringen. Sie hören auf, sich Sorgen zu machen, unterbrechen sinnlose Grübeleien und fangen an, innerlich ruhiger zu werden. Besonders wenn Sie sie öfter am Tag durchführen.

Nina konnte mit der Drei-Minuten-Meditation immer dann ein wenig meditieren, wenn das Baby schlief. Da die Meditation nicht lange dauerte, hatte sie auch noch genügend Zeit, um andere Dinge zu tun, wie duschen, telefonieren, etwas essen und Ähnliches. Da Nina so dringend innere Ruhe brauchte, nutze sie die Drei-Minuten-Meditation anfangs vier-, fünfmal am Tag.

DiE DREi-MiNUTEN-MEDiTATiON

- Setzen Sie sich zu Beginn aufrecht hin.

- Gehen Sie raus aus dem Widerstand und sagen Sie Ja zu sich selbst. Machen Sie sich bewusst, wie Sie sich fühlen: Wie geht es Ihnen jetzt? Erlauben Sie allen Gefühlen und jedem Zustand, einfach da zu sein.

- Spüren Sie irgendwo im Körper Stress oder ein anderes Unwohlsein? Etwa eine Anspannung oder eine ängstliche Nervosität? Richten Sie Ihre Aufmerksamkeit der Reihe nach auf diese Stellen in Ihrem Körper und sagen Sie im Stillen liebevoll Ja zu diesen Empfindungen.

- Achten Sie jetzt auf Ihren Atem. Wo genau im Körper spüren Sie, dass Sie atmen? Brustkorb, Bauch, Nase, Mund? Richten Sie Ihre Aufmerksamkeit auf einen Bereich Ihres Körpers, wo Sie Ihre Atmung deutlich spüren können. Zum Beispiel an der Nase, wo die Luft ein- und ausströmt.

- Jetzt bleiben Sie einfach bei Ihrer Atmung. Ohne daran etwas zu verändern. Sie müssen nicht besser oder tiefer atmen. Lassen Sie das Ein- und Ausatmen einfach geschehen. Achten Sie nur darauf, wie es sich anfühlt zu atmen.

- Gehen Sie dabei mit sich selbst freundlich und geduldig um. Kritisieren Sie sich nicht, wenn Sie von Gedanken oder anderen Störungen abgelenkt werden. Ablenkungen gehören dazu und sind ein Teil der Meditation.

- Spüren Sie zum Abschluss noch einmal Ihren Körper und stellen Sie kurz fest, wie es Ihnen jetzt geht. Sind Sie in dieser kurzen Zeit bei sich angekommen? Sind Sie jetzt zumindest ein klein wenig ruhiger oder gefasster als zu Beginn?

- Bleiben Sie noch einen Moment sitzen und lassen Sie die meditative Stimmung noch weiterwirken. Genießen Sie einen Moment lang Ihr pures Dasein. Atmen Sie noch einmal tief ein und aus, bevor Sie aufstehen.

Es dauerte ein paar Tage, aber mit der Zeit wurde Nina innerlich spürbar ruhiger. Das übertrug sich natürlich auch auf das Baby. Es schien so, als hätte die kleine Tabea endlich ihren Rhythmus gefunden. Beide, Nina und ihre Kleine, stellten sich mit der Zeit immer besser aufeinander ein. Und ganz nebenbei merkte die frisch gebackene Mama, dass sie das »Mutter-Ding« mehr und mehr in den Griff bekam.

UNANGENEHME GEFÜHLE UND GEDANKEN LOSLASSEN

Ich möchte an dieser Stelle ein mögliches Missverständnis ausräumen: Negative Gedanken oder unangenehme Gefühle werden durch diese meditativen Übungen nicht abgeschafft oder ausradiert. Falls Sie erwarten, dass Sie sich durch das regelmäßige Meditieren immer nur gut fühlen oder nur positiv denken, sind Sie auf dem Holzweg. Wenn Sie sich ernsthaft und mit Leidenschaft für das einsetzen, was Sie verwirklichen wollen, ist es unvermeidbar, dass Sie sich dabei hin und wieder mies fühlen. Sie wissen ja: In dem Moment, in dem Sie Ihre Komfortzone verlassen, geht Ihr O-Nein-Zentrum in Alarmbereitschaft. Das erzeugt eine ganze Reihe von mulmigen Zuständen, zum Beispiel: sich Sorgen machen und an sich selbst zweifeln, sich ängstlich oder unsicher fühlen, den Glauben an sich verlieren.

Aber die Meditation sorgt dafür, dass es neben diesen unangenehmen Zuständen noch etwas anderes gibt, das durch das stetige Üben entstehen kann: die Verbindung mit Ihrer inneren Ruhe, mit der unverwundbaren Stille und mit dem tiefen Gefühl des Getragenseins. Durch das Meditieren lernen wir, dass wir größer und stärker sind als das, was uns unsere Gedanken erzählen, und auch als das, was wir fühlen. Wir erleben mehr und mehr, dass wir diese unangenehmen Gedanken und Gefühle bewusst wahrnehmen können, ohne uns darin zu verwickeln. Wir können sie ohne Schimpf und Schande loslassen und uns dem zuwenden, was uns wirklich wichtig ist und was wir in

STÄRKE IST, WENN SIE …

... alle unangenehmen Gefühle wahrnehmen und akzeptieren, während Sie das tun, was Ihnen wirklich am Herzen liegt.

unserem Leben verwirklichen wollen. Wenn sich die unangenehmen Gedanken und Gefühle dann ab und an wieder melden – und das werden sie natürlich tun –, dann können wir diesen unbehaglichen Zustand bewusst wahrnehmen, ihn akzeptieren und uns wieder dem zuwenden, was als Nächstes auf der Agenda steht.

EIN PLUS FÜR DIE GESUNDHEIT

Regelmäßige meditative Übungen haben so viele Vorteile und wirken sich nachweislich so positiv auf die Gesundheit aus, dass es fast unerklärlich ist, weshalb nicht jeder Erwachsene täglich meditiert und sich damit etwas Gutes tut. Zahlreiche wissenschaftliche Untersuchungen belegen eindrucksvoll, wie sehr das regelmäßige Meditieren und stille Sitzen die Selbstheilungskräfte unseres Körpers mobilisiert.
Wir können auch mit Stress besser umgehen. Depressionen und Ängste werden abgebaut. Unser Immunsystem wird gestärkt und das Herz-Kreislauf-System profitiert von der Meditation, indem beispielsweise viele Menschen so ihren Bluthochdruck senken konnten.
Für mich ist das Meditieren ein Akt der Selbstfürsorge, und zwar besonders in Krisenzeiten, wenn es eben mal nicht so rundläuft.
Wenn scheinbar nichts mehr geht und ich total aufgewühlt bin, kann ich mich immer noch hinsetzen und bewusst in die Stille gehen.
Ich kann meine Augen schließen und die Unruhe – alle diese wilden Gefühle und Gedanken – wahrnehmen und sie immer wieder loslassen. So unterbreche ich ganz einfach den Stressstrudel.

SICH DAS MEDITIEREN ZUR GEWOHNHEIT MACHEN

Es gibt in diesem Zusammenhang zwei schöne Herausforderungen: Die erste besteht darin, sich für eine Meditation zu entscheiden. Bei der Entscheidung, welche Übung Sie wählen, sind Sie ganz und gar frei. Sie können alle ausprobieren, alle ein paar Mal ausprobieren und dann die nehmen, die Ihnen am meisten zusagt. Die zweite Herausforderung besteht darin, sich das Meditieren anzugewöhnen.

Die Meditation in seinen Alltag zu integrieren geht am besten, wenn Sie dafür einen immer wiederkehrenden Platz in Ihrem Tagesablauf reservieren. So wie ich haben Sie wahrscheinlich auch einen Zeitraum, in dem Sie sich die Zähne putzen oder frühstücken und zu Abend essen. Sie haben bereits Gewohnheiten, die ganz selbstverständlich ablaufen. An solche bereits vorhandenen Tagesrituale können Sie die Meditation anknüpfen. Sie meditieren zum Beispiel, bevor Sie frühstücken oder bevor Sie zu Abend essen.

Ich persönlich mag die Zweimal-am-Tag-Meditation, weil sie den Tag einrahmt. Morgens, nachdem ich im Bad war, meditiere ich und abends noch einmal, bevor ich etwas esse. Für mich sind das die passenden Zeiten. Aber das Ganze ist nicht in Stein gemeißelt. Besonders wenn ich unterwegs bin, meditiere ich zu anderen Zeiten. Bevor ein Seminar oder ein Vortrag losgeht, meditiere ich gern in meinem Hotelzimmer. Wenn alles vorbei ist, mache ich oft noch die Drei-Minuten-Meditation, um den Tag abzuschließen.

DER TÄGLICHE BOXENSTOPP

Gönnen Sie sich jeden Tag Ihre Meditationszeit. Das empfehle ich Ihnen besonders, wenn Sie viel um die Ohren haben oder fast immer in Hektik sind. Gerade dann brauchen Sie mehr Abstand, mehr innere Ruhe. Regelmäßiges Meditieren ist der tägliche Boxenstopp für Raser, Leistungsträger und Vielbeschäftigte.

Ich erinnere mich an einen älteren Mann, der seit vielen Jahren die Marketingabteilung einer großen Versicherung leitet. Als ich in einer Seminarpause mit ihm sprach, sagte er fast beiläufig: »Nachdem ich wegen ernster Herzprobleme im Krankenhaus war, hatte ich eine klare Vision von meiner Zukunft. Ich wollte gesund bleiben und mich nicht krank schuften. Also habe ich damit angefangen, meine Ruhepausen in meinen Terminkalender einzutragen. Während der Arbeit nehme ich mir regelmäßig drei kurze Auszeiten. Tür zu, kein Telefon, kein Computer – einfach nur ein paar Minuten meditieren. Einige meiner Mitarbeiter fanden das seltsam. Aber das war mir egal. Hauptsache, es wirkt. Ich will keinen Herzinfarkt riskieren.«

Ob Sie meditieren oder nicht, hängt nicht so sehr von den Umständen ab, unter denen Sie leben und arbeiten. Es hängt vor allem davon ab, wie wichtig es Ihnen ist, sich selbst etwas Gutes zu tun. Manche von uns brauchen erst ein schmerzhaftes Stoppsignal, bevor sie sich selbst mehr in den Mittelpunkt stellen. Warten Sie nicht erst darauf, dass Ihr Körper streikt, um endlich mit dem Meditieren anzufangen. Sie brauchen keine Krise, um sich jeden Tag Ihre Auszeit zu gönnen. Betrachten Sie die Meditation einfach als einen Beitrag zu Ihrer Alltagshygiene. Sie duschen regelmäßig, putzen sich die Zähne und mindestens zwei Mal am Tag erfrischen Sie Ihren Geist.

WO UNSERE AUFMERKSAMKEIT IST,
IST AUCH UNSER LEBEN –
UNSERE ENERGIE.

BRENDA SHOSHANNA (PSYCHOLOGIN UND AUTORIN)

ZEIT FINDEN, DIE SIE BRAUCHEN!

Hin und wieder zu meditieren ist besser, als es gar nicht zu tun. Aber noch besser ist es, wenn Sie sich das regelmäßige Meditieren angewöhnen. Ich kenne viele Menschen, denen das einleuchtet und die zu mir sagen »Ja, ich würde so gern regelmäßig meditieren, aber …,« und dann kommt das große Aber. Das große Aber heißt fast immer: » … aber dafür fehlt mir die Zeit.«

Was die Uhrzeit und die Kalenderzeit betrifft, ist die Sache klar: Wir haben alle eine Sieben-Tage-Woche, mit jeweils 24 Stunden pro Tag. Soweit mir bekannt ist, wurde niemandem weniger Zeit zugeteilt. Der Satz »Ich habe keine Zeit« stimmt also nicht. Sie und ich – wir haben gleich viel Zeit abbekommen.

Keine Zeit zu haben bedeutet eigentlich: »Wenn ich alles so lasse, wie es im Moment ist, alle Abläufe, alle Arbeiten und Verpflichtungen, alle Gewohnheiten und alle Nebensächlichkeiten – wenn ich alles so laufen lasse wie bisher, habe ich keine Zeit zum Meditieren.« Aber wer sagt, dass Sie alles so lassen müssen, wie es ist?

Es lohnt sich, einen Schritt zurückzutreten und dieses Zeitproblem aus der Distanz zu betrachten. Ist alles, was in Ihrem Alltag viel Zeit in Anspruch nimmt, auch immer wichtig und notwendig? Haben Sie das festgelegt? Oder wurde Ihnen das von außen aufgezwungen? In welchem Umfang sind Sie Herr oder Herrin Ihrer Zeit? Wofür verbrauchen Sie Ihre Zeit? Bekommt das, was Ihnen guttut und was Ihnen wirklich wichtig ist, genügend Zeit in Ihrem Alltag?

ENTRÜMPELN SIE IHREN ALLTAG

Bei manchen von uns ist der Alltag unglaublich vollgestopft mit Terminen, Verpflichtungen, Aufgaben und – sehr, sehr viel banalem Kram. So ein überfüllter Tag löst dann oftmals die gleichen Gefühle aus wie ein vollgestellter Keller oder ein völlig zugemüllter Dachboden: Man fühlt sich ständig komplett überfordert.

Und dann sieht es so aus, als wäre man nicht mehr Herrin oder Herr seiner Zeit, als würden die Termine, die Aufgaben und die Verpflichtungen die Herrschaft über einen übernehmen. Man versucht nur noch hinterherzukommen, fühlt sich ohnmächtig und eigentlich handlungsunfähig und ist dabei immer außer Atem, ein Gehetzter.

Aber unser Alltag hat sich nicht von selbst so vollgestopft. Wir haben »Ja« gesagt, und das nicht nur einmal, sondern immer wieder. Damit haben wir eine Menge mehr Aufgaben, Termine und Verpflichtungen übernommen. Gleichzeitig haben wir nicht genügend von diesen Zeiträubern aussortiert. Genau auf diese Weise entsteht ein vollgepackter Alltag: sich immer mehr aufladen, aber nichts abgeben und nichts loslassen. Zu oft »Ja, das mach ich« antworten und zu selten »Nein« sagen, sich abgrenzen und schützen.

Es gibt zweifellos Verpflichtungen, die Sie beibehalten wollen und auch sollen. So werden Sie weiterhin zur Arbeit gehen, Ihre Kinder versorgen, sich um den Haushalt kümmern und den Hund füttern. Das gehört zu Ihrem Leben. Aber da gibt es jede Menge überflüssige Zeitfresser, die sich bei Ihnen angesammelt haben.

Hier zeige ich Ihnen eine einfache Strategie, die Ihnen beim Durchforsten und Ausmisten Ihres alltäglichen Lebens hilft. Die auf der nächsten Seite folgenden Fragen durchleuchten einige der überfüllten Ecken Ihres Alltags. Sie helfen Ihnen so, mehr Zeit für das zu finden, was Sie stärkt und was Ihnen am Herzen liegt. Auch mehr Zeit für Ihre Vision!

TERMINE MIT SICH SELBST VEREINBAREN

Eine Pause für die Meditation, Zeit für die aktuelle Vision und alle Verschnaufpausen gehören in den Terminkalender. Und wenn ein Zeitfenster damit belegt ist, ist es tatsächlich nicht mehr offen.

STRATEGIE
ENTDECKEN SiE IHRE ZEITFRESSER

Antworten Sie spontan, ohne lange nachzudenken:

- Wo in Ihrem Alltag vergeuden Sie regelmäßig viel Zeit, ohne dass es Ihnen etwas Positives, Angenehmes einbringt?
- Womit vertreiben Sie sich die Zeit? Was macht Ihr Medienkonsum wie fernsehen, im Internet surfen, Computerspiele, sich mit Facebook, Twitter und Co beschäftigen? Wie viel Zeit geht dafür weg?
- Können Sie Ihre Fernseh-Internet-Facebook-Twitter-SMS-Zeit einschränken oder in irgendeiner Weise sinnvoll begrenzen?
- Wie wollen Sie das anstellen?
- Wie viele Minuten oder gar Stunden am Tag könnten Sie dadurch für sich an gewonnener Zeit freischaufeln?
- Welche Termine bringen Ihnen wenig oder nichts?
- Können Sie diese Termine verkürzen?
- Oder seltener dort auftauchen?
- Oder können Sie nutzlose Termine ganz ausfallen lassen?
- Welche Ihrer Verpflichtungen sind eher unwichtig und können deshalb langfristig wegfallen?
- Welche Aufgaben oder Arbeiten sind an Ihnen hängen geblieben, weil Sie früher mal Ja gesagt haben?
- Stellen Sie sich vor, Sie würden diese Termine, Arbeiten oder Aufgaben künftig ablehnen und Nein sagen!
- Was würde passieren?
- Und wie können Sie mit den Folgen Ihrer Ablehnung umgehen?
- Überlegen Sie, ob Sie Ihre tägliche Arbeit ...

- ... vereinfachen können,
- ... zumindest teilweise an andere Menschen delegieren können
- ... oder besser zusammenfassen können, sodass der Aufwand für Sie deutlich geringer ausfällt.
- Welche Menschen rauben Ihnen die Energie?
- Wie können Sie es schaffen, Ihre Energie zu behalten und sich nicht berauben zu lassen, während Sie mit diesen Menschen zusammen sind?
- Wie können Sie das Zusammentreffen mit diesen Energieräubern auf ein Minimum verkürzen?

ÜBER ZEIT ZU VERFÜGEN HEISST AUCH, »NEIN« ZU SAGEN

Um Ihren Zeitfressern wirklich klare Grenzen zu setzen, werden Sie ab sofort öfter »Nein« sagen, auch wenn Sie das von lieben Gewohnheiten befreit. Sie legen fest, was Sie noch zeitlich mittragen wollen und wo Sie ein Stoppsignal geben. »Bis hierher und nicht weiter.« »Bis dahin mache ich noch mit, aber ab dann ist bei mir Schluss.«
Das Stoppsignal gilt natürlich auch für Ihre Ablenkungs- und Zerstreuungs-Zeitfresser wie Fernsehen, Internet und die anderen üblichen diesbezüglich Verdächtigen. Auch da brauchen Sie für sich einen

WICHTIGES NACH VORNE BRINGEN

Grenzen setzen – das ist ein Akt von Selbstfürsorge. Also: Nicht auf allen Hochzeiten tanzen, sondern sich ganz klare Prioritäten setzen.

bewussten Umgang mit klaren Grenzen – so ähnlich wie schon bei der Schweinehundedressur im vorherigen Teil. Sie müssen dabei natürlich nicht alle Zeitfresser komplett abschaffen. Oft geht das auch gar nicht. Es reicht, wenn Sie sie einfach etwas eindämmen, und zwar so weit begrenzen und zeitlich einschränken, dass Sie genügend Pausen für Ihre Meditation und für Ihre Vision haben. Und das ist Zeit für das, was Ihnen wirklich wichtig ist.

STRATEGIE
WAS WIRD IHRE MEDITATION FÖRDERN?

In Ihrem tiefsten Herzen glauben Sie mittlerweile, dass Meditation gut für Sie wäre und eine echte Bereicherung für Ihr Leben darstellen würde. Aber Sie haben es bis jetzt einfach nicht geschafft, sie geschickt in Ihren Alltag zu integrieren. Die folgenden Fragen ebnen Ihnen den Weg zum regelmäßigen, gewohnheitsmäßigen Meditieren:

- Warum würde Ihnen das regelmäßige Meditieren jetzt guttun?
- Welche Kleinigkeit könnten Sie morgens und abends in Ihrer täglichen Routine ändern, damit Sie Zeit zum Meditieren finden?
- Welche Unterhaltungsprogramme und Ablenkungen (wie Fernsehen, Internet, digitaler Small Talk) könnten Sie verkürzen, um in dieser Zeit zu meditieren?
- Wie haben Sie es geschafft, das Meditieren auszuprobieren?
- Wie könnten Sie sich das tagtägliche Meditieren erleichtern und die Hemmschwelle vor dem stillen Sitzen abbauen?
- Was würde Ihnen helfen, um sofort mit einer kleinen Meditation zu starten?

JEDES »NEIN« HAT AUF DER RÜCKSEITE AUCH EIN »JA«

»Ja« und »Nein« gehören zusammen wie zwei Seiten einer Münze. Jedes »Nein« hat auf der Rückseite ein »Ja«. Ein »Nein« gegen die Zeitfresser ist ein »Ja« für Ihre Meditation, ein »Ja« für Ihre Vision. Das Neinsagen wird für Sie einfacher, wenn Sie wissen, wofür Sie das tun. Es ist viel schwerer, etwas abzulehnen, wenn nichts Nützliches dahintersteckt. Aber Sie wissen, was Sie wollen und was Ihnen wichtig ist. Ihr »Nein« hat einen Sinn. Wenn Sie sich das klarmachen, finden Sie den Mut, »Nein« zu sagen: »Nein, das passt mir nicht. In den nächsten 20 Minuten stehe ich nicht zur Verfügung.«

Viele Menschen, die regelmäßig meditieren, tun das, *obwohl oder sogar weil* sie einen prall gefüllten Alltag haben. Sie haben zu Hause kein stilles Meditationszimmer oder ein Zen-Kloster in der Nachbarschaft. Sie nutzen das, was ihnen zur Verfügung steht.

Eine Mutter von drei Kindern hat es sich angewöhnt, gleich morgens zu meditieren, bevor die Kleinen wach werden. Nach dem Aufstehen meditiert sie fünf Minuten auf einem Stuhl im Schlafzimmer. Das Gleiche macht sie noch einmal abends, bevor sie ins Bett geht. Von einem viel beschäftigten Kollegen weiß ich, dass er seine Kurzmeditationen im Auto macht, jedes Mal bevor er losfährt. (Bitte meditieren Sie nicht, *während* Sie ein Auto lenken!)

Sich das Meditieren anzugewöhnen erleichtert die Sache enorm. Wenn wir uns etwas angewöhnt haben, müssen wir nicht jedes Mal entscheiden, ob wir das jetzt machen wollen oder nicht. Wir tun es einfach, ohne zu zögern. So wie das Händewaschen, Haarekämmen, Frühstücken, Zähneputzen. Lauter Gewohnheiten, für die wir Zeit haben. Genauso funktioniert es auch mit der Meditation. Wir geben ihr einen Platz, einen Zeitraum in unserem Tagesablauf. Und dann meditieren wir regelmäßig, bis das Ganze für uns normal und selbstverständlich geworden ist. So selbstverständlich, dass wir uns einfach hinsetzen, ohne groß darüber nachzudenken. Es sind nur wenige Minuten am Tag, die wir meditieren. Aber diese verbessern das Leben enorm.

WENN DIE GEDANKEN
QUÄLEN

Manchmal werden wir von Gedanken überrollt, die uns ärgerlich oder ängstlich machen. Besonders wenn wir uns für unsere Vision einsetzen, melden sich solche belastenden Einfälle häufiger bei uns. Gedanken, mit denen wir uns Sorgen machen, mit denen wir auf der Vergangenheit herumkauen oder uns Vorwürfe wegen früherer Fehler machen. Erstaunlich dabei ist: Obwohl aktuell im Hier und Jetzt alles in Ordnung ist, quälen uns diese Grübeleien. Achten Sie einmal darauf: Oft plappern unsere besorgten Gedanken über Dinge, die im Moment gar nicht zur Debatte stehen.

Zum Glück gibt es einen Ausweg. Sie können zwar nicht verhindern, dass sich solche lästigen Einfälle bei Ihnen melden. Nein, es gibt keinen Schalter im Gehirn, mit dem Sie Ihre Denkaktivitäten abstellen können. Solange Sie lebendig und wach sind, haben Sie auch Ideen, die Ihnen etwas erzählen. Die meisten Gedanken wollen Ihnen nur helfen, mit einer komplizierten Welt zurechtzukommen. Aber darunter mischen sich auch solche, die Sie ängstigen, herunterziehen und quälen.

GANZ EINFACH AUS DEM GEDANKEN-KARUSSELL AUSSTEIGEN

Sie können ein schwächendes Gedankenkarussell unterbrechen. Das ist besonders in solchen Momenten wichtig, wenn Sie gerade in einer Krise stecken, einen schweren Verlust erlitten haben oder eine große Aufgabe anpacken wollen. Genau dann kommen diese belastenden Grübeleien hoch und machen das Ganze noch viel schwerer.

Mit der folgenden Meditation, die sehr kurz ist, können Sie das Gedankenkarussell in Ihrem Kopf für einen Moment anhalten. Nicht ganz und gar abstellen, aber lange genug stoppen, damit Sie aussteigen können. Es geht bei dieser Meditation wieder um die Drei. Dieses Mal sind es nicht drei Minuten, sondern nur drei Atemzüge. Das hier ist eine Minimeditation, die Sie auch zwischendurch machen können.

MIT DREI GEZÄHLTEN ATEMZÜGEN ZURÜCK INS HIER UND JETZT

In Krisenzeiten oder wenn Sie sehr unter Druck stehen, können Sie diese Drei-Atemzüge-Meditation so oft wie möglich durchführen. Es spricht nichts dagegen, sie alle halbe Stunde zu machen. Mit den drei gezählten Atemzügen bringen Sie Ihre Aufmerksamkeit jedes Mal zurück ins Hier und Jetzt – dorthin, wo Sie wirklich sind.

Das Zählen der Atemzüge beschäftigt Ihre Gedanken und Sie beachten Ihren Körper mehr als zuvor. Damit lenken Sie Ihre Aufmerksamkeit weg von dem, was Sie gerade stresst, und Sie spüren stattdessen Ihre Atmung, die wie von selbst funktioniert. Diese kurze Unterbrechung sorgt dafür, dass Sie aus dem herauskommen, was Sie gerade vereinnahmt. Ihr aufgeregtes O-Nein-Zentrum bekommt von Ihnen immer wieder die Botschaft, dass Sie da sind, dass Sie sich um alles kümmern und dass es sich beruhigen kann. Und jedes Mal, wenn das Gedankenkarussell wieder startet, wissen Sie, was Sie jetzt tun können.

Ich selbst mache die Drei-Atemzüge-Meditation immer gern, bevor ich ein Telefongespräch führe, dass mir schwerfällt. Zum Beispiel, wenn ich irgendetwas reklamieren will oder eine Absage überbringen muss. Bevor ich also zum Hörer greife und die Nummer wähle, bringe ich mich in meine Selbstsicher-Auftreten-Haltung und mache ganz bewusst drei gezählte Atemzüge, um mich innerlich zu sammeln. Dabei habe ich das, was ich erreichen will, ganz klar vor Augen. Ich spreche dann ruhig, mit mehr persönlicher Autorität. Das Telefonat verläuft so immer sehr viel entspannter, als wenn ich spontan zum Hörer gegriffen und das Gespräch absolviert hätte.

MEDITATION
DIE DREI-ATEMZÜGE-MEDITATION

- Machen Sie sich bewusst, was Ihnen durch den Kopf geht und wie Sie sich mit diesen Gedanken fühlen.

- Wenn Sie sich belastet, bedrückt oder gestresst fühlen, treffen Sie eine Entscheidung. Beschließen Sie, dass Sie jetzt aus diesem Gedankenkarussell aussteigen wollen. Sie ziehen Ihre Aufmerksamkeit von den Gedanken ab. Sie achten nur noch auf Ihre Atmung. Sie fühlen, wie Sie atmen.

- Zählen Sie die nächsten Atemzüge. Zählen Sie bis drei. Es beginnt immer beim Einatmen. Einatmen – eins. Ausatmen. Wieder einatmen – zwei. Ausatmen. Wieder einatmen – drei. Ausatmen.

- Nach drei Atemzügen bleiben Sie einen Moment still und achten darauf, wie es Ihnen jetzt geht. Nehmen Sie das wahr, was jetzt gerade da ist, ohne irgendetwas zu bewerten oder zu kritisieren. Wenn die lästigen Gedanken wiederkommen, machen Sie noch einmal die Drei-Atemzüge-Meditation.

- Diese Meditation können Sie so oft wiederholen, wie Sie möchten. Lassen Sie alle auftauchenden Gedanken immer wieder los, indem Sie die nächsten drei Atemzüge bewusst und achtsam zählen.

- Zum Abschluss senden Sie Ihrem aufgebrachten O-Nein-Zentrum einen freundlichen Gruß. So seltsam es auch klingt: Ihr O-Nein-Zentrum versucht, Sie mit diesen lästigen Gedanken zu beschützen. Bedanken Sie sich dafür bei diesem Teil Ihres Gehirns. Ich meine das nicht als Scherz: Tun Sie das bitte tatsächlich, auch wenn es Ihnen etwas blöd vorkommt. Ihr O-Nein-Zentrum kann sich tatsächlich sehr schnell beruhigen, wenn Sie ihm aufrichtig dankbar sind. Damit zeigen Sie Ihrem O-Nein-Zentrum, dass Sie die Leitung übernommen haben und dass es Sie nicht ganz allein beschützen muss. Denn Sie sind stärker als die Aufregung, die Ihr O-Nein-Zentrum anzettelt.

STATT STRESSESSEN
MEDITATIV ESSEN

Falls Sie mit diesem ganzen »Meditationskram« noch nicht warm
geworden sind, möchte ich mich bei Ihnen bedanken: Vielen Dank,
dass Sie trotzdem bis hierher gelesen haben. Vielleicht kommt jetzt die
meditative Übung, mit der Sie etwas anfangen können. Diese Art von
Meditation können Sie spielend leicht in Ihren Alltag einbauen. Es geht
ums Essen. Genauer gesagt: um achtsames und bewusstes Essen.
Manchmal merke ich nicht gleich, ob ich im Stress bin oder nicht.
Ich bin aktiv, alles läuft gut, ich erledige viel, was soll da stressig sein?
Aber bei mir gibt es ein unbestechliches Frühwarnsignal, das mir
deutlich zeigt, dass ich aus der Balance geraten bin: Ich schlinge mein
Essen runter. Ich esse sehr schnell und meistens auch noch nebenbei.
Statt mir die Zeit zu nehmen, um ein nahrhaftes Essen zuzubereiten,
reiße ich nur noch Verpackungen auf. Gemüse klein zu schneiden
dauert mir zu lange. Wenn ich überhaupt den Herd benutze, dann nur
eine Herdplatte und auch nicht länger als zehn Minuten.
Sich extra hinsetzen, um in Ruhe am Tisch zu essen? Nein, keine Zeit
dafür. Während ich am Computer sitze, während ich einkaufe, während
ich telefoniere, während ich irgendetwas anderes mache, stopfe ich mir
etwas Essbares in den Mund. Die feine Esskultur fällt aus. Ich bekämpfe

SEELENNAHRUNG

Essen ist weitaus mehr als nur Nahrung für den Körper. Das achtsame Essen
ernährt auch unsere Seele und beruhigt unser Denken.

nur noch meinen Hunger mit den Sachen, die schnell greifbar und noch schneller aufgegessen sind. Das geht so lange, bis mein Magen sich bei mir meldet und dagegen protestiert. Spätestens, wenn ich Magenschmerzen oder Sodbrennen bekomme, merke ich, dass ich rücksichtslos mit mir selbst umgehe und dass es Zeit wird, mehr Achtsamkeit und mehr Ruhe in meinen Alltag zu bringen.

BISSEN FÜR BISSEN IN DIE STILLE KOMMEN UND MEDITIEREN

Das gehört zu den erstaunlichsten Entdeckungen, die ich bisher gemacht habe: etwas ganz einfaches wie das Essen kann eine Meditation sein. Indem wir bewusst und genussvoll speisen, mit allen unseren Sinnen, lassen wir den Stress los. Genießen ist Meditation. Ja, das Essen kann Ihr Mantra sein. Dabei speisen Sie ganz langsam. Sie spüren, riechen und schmecken Ihr Essen mit allen Sinnen. Aber die Essensmeditation hat noch viel mehr Vorteile:

→ Sie holen mehr Genuss aus Ihrem Essen, weil Sie intensiver schmecken.

→ Sie kauen besser und dadurch werden die Gerichte bekömmlicher und im Magen-Darm-Trakt leichter verdaut.

→ Da Sie langsamer essen, merken Sie deutlicher, wenn Sie satt sind.

→ Wenn Sie aus purer Unachtsamkeit öfter zu viel essen, wird sich das meditative Essen auch auf Ihr Gewicht auswirken. Sie essen nicht mehr zu viel, sondern genau das, was Ihr Körper braucht.

→ Ihr Körper verwandelt das, was Sie täglich essen, in Ihre Lebensenergie. Das können Sie viel mehr wertschätzen, weil Sie achtsamer mit Ihrem Essen umgehen. Einziger Nachteil: Solange Sie am Tag irgendetwas essen, funktioniert die Ausrede »Ich habe keine Zeit zu meditieren« nicht mehr für Sie. Jede Mahlzeit kann für Sie eine Gelegenheit sein, zu sich zu kommen und mehr zu entspannen. Ihre Meditation beginnt schon vor dem ersten Bissen.

ACHTSAM UND BEWUSST ESSEN

- Nehmen Sie sich für diese Übung viel Zeit. Sie werden langsamer essen, als Sie es bisher gewohnt sind. Achten Sie darauf, dass Sie einen guten Platz haben, an dem Sie ungestört sitzen und allein speisen können.

- Sorgen Sie dafür, dass es Ihrem Körper gut geht. Lassen Sie alle unnötigen Spannungen los und setzen Sie sich aufrecht hin.

- Jetzt gehen Sie hinaus aus Ihren Gedanken und achten mit allen Sinnen auf das, was Sie jetzt verzehren wollen. Schauen Sie sich die Mahlzeit in Ruhe an. Genießen Sie den Anblick. Riechen Sie an dem Essen, bevor Sie es sich in den Mund stecken. Spüren Sie bewusst, was Anblick und Geruch des Gerichts bei Ihnen im Körper an Gefühlen auslösen.

- Nehmen Sie jetzt einen wirklich kleinen Bissen und konzentrieren Sie sich auf das Gefühl im Mund. Welche Konsistenz hat er, wie fühlt er sich an?

- Nehmen Sie den Geschmack wahr. Wie schmeckt das, was Sie im Mund haben? Kauen Sie bewusst ganz langsam, so als wollten Sie alles aus diesem kleinen Bissen herausholen.

- Nachdem Sie das Essen gründlich gekaut und hinuntergeschluckt haben, gehen Sie genauso bewusst und achtsam mit den nächsten Bissen um. Wenn Sie durch Ihre Umgebung oder durch Gedanken abgelenkt werden, kehren Sie zurück zur Mahlzeit. Das bewusste, langsame Essen ist Ihr Mantra.

- Spüren Sie nach, wie sich Ihr Magen füllt und wie sich Ihr Appetit verändert. Sie können, wenn Sie wollen, alles aufessen. Es ist aber auch völlig in Ordnung, wenn etwas übrig bleibt.

- Bleiben Sie nach dem Essen noch ein paar Augenblicke ruhig und aufrecht sitzen. Erlauben Sie sich, da zu sein und nichts zu tun.

Ich empfehle Ihnen, dieses meditative Essen allein durchzuführen. Tischgespräche können Sie sehr von dem Essen ablenken, das Sie gerade bewusst wahrnehmen wollen. Zu Beginn funktioniert diese Übung besser mit kalten und nicht zu großen Speisen, wie zum Beispiel einem Sandwich, einem Stück Obst oder einem anderen Snack.

Sie müssen nicht alle Mahlzeiten am Tag zu einer meditativen Übung machen. Aber es wäre doch wunderbar, wenn Sie es sich angewöhnen, immer häufiger achtsam und bewusst zu bleiben, wenn Sie etwas essen.

MEHR ACHTSAMKEIT IM ALLTAG EINBAUEN GEGEN DIE TOSENDE GEDANKENFLUT

So gut wie alle regelmäßigen Aktivitäten können Sie in eine Achtsamkeitsmeditation verwandeln. Probieren Sie es aus. Wie wäre es, wenn Sie morgens ganz bewusst duschen, ohne dabei in Gedanken zu versinken? Duschen als Meditation. Nur das Wasser auf dem Körper spüren, dem Rauschen zuhören. Ganz und gar bei dem bleiben, was Sie gerade tun, ohne an etwas anderes zu denken. So haben Sie schon am Morgen eine Kurzmeditation unter der Dusche absolviert.

Auch Hausarbeit eignet sich hervorragend, um dabei eine Achtsamkeitsmeditation durchzuführen. Geschirr abwaschen, Fenster putzen, Staub wischen – alle Routinetätigkeiten eignen sich dafür. Ihr Körper weiß, was er zu tun hat, und deshalb produziert der Kopf gern viel Gedankengeplapper. Genau das können Sie loslassen, wenn Sie diese Hausarbeiten achtsam ausführen. Sie spüren, hören, sehen ganz bewusst, was Sie gerade tun. Diese Aktivität ist sozusagen Ihr Mantra. Und immer wenn Sie in Gedanken abschweifen, wenden Sie sich wieder dem zu, was Sie spüren, hören, sehen. Ein schöner Nebeneffekt: Ungeliebte Arbeiten bekommen eine neue Dimension.

Meditation lässt sich im Alltag viel öfter einbauen, als Sie vielleicht vermuten. Wenn Sie mit dem achtsamen Essen anfangen, geht das Tor für Sie auf. Sie entdecken in Ihrem Alltag zahllose Möglichkeiten, um Achtsamkeit zu üben und um sich damit zu stärken.

BASTELN SIE IHRE
PROBLEME SELBST?

Die letzte Meditation, die ich Ihnen vorstelle, gehört zu den kraftvollsten, die ich je kennengelernt habe. Es ist die Hier-und-Jetzt-Meditation.
In den letzten drei Jahren ist sie für mich immer wichtiger geworden.
Mit ihrer Hilfe gelingt es mir, aus Prozessen auszusteigen, die ich gerne
»Probleme basteln« nenne. Das kann ich nämlich sehr gut. Ich bin sehr
geübt darin, ein Problem selbst herzustellen und dann darunter zu
leiden. Damit bin ich nicht allein. Die meisten Menschen können sich
ihre Probleme gut selbst basteln.

Hier ein Beispiel, das Sie vielleicht auch schon erlebt haben: Während
einer harmlosen Plauderei macht eine Freundin oder ein Kollege
eine Bemerkung und Sie antworten ganz unbefangen darauf. Das war
für Sie kein Problem. Und das Gespräch geht ganz normal weiter.
Aber Stunden später fällt Ihnen diese Unterhaltung wieder ein.
Und jetzt kommt Ihnen der Gedanke, dass diese scheinbar harmlose
Bemerkung gar nicht so harmlos war.

In Gedanken spielen Sie die Szene noch mal durch und Ihnen fällt auf,
dass man diese Bemerkung, die dort gefallen ist, auch ganz anders
verstehen könnte. Ihnen geht ein Gedanke durch den Kopf: »Das war
doch eigentlich eine Frechheit, oder?« Jetzt fühlen Sie sich schlecht
behandelt und angegriffen wegen einer Bemerkung, die schon lange
vorbei ist. Sie haben sich gerade ein Problem gebastelt.

Wo kommt dieses Problem plötzlich her? Das geschieht nur durchs
Nachdenken. Genau da, in unserem Kopf, werden viele unserer
Probleme hergestellt. Es ist nicht die Welt, die uns so große Angst
einjagt oder uns verärgert. Es sind auch nicht die anderen Menschen
und das, was sie tun oder sagen. Wir werden ängstlich oder ärgerlich
aufgrund der Gedanken, die wir uns über die Welt und andere machen.

WENN DAS NACHDENKEN ÜBER DIE VERGANGENHEIT SCHÄDLICH WIRD

Ihr O-Nein-Zentrum kommt jetzt so richtig in Wallung. Es kann nicht unterscheiden, ob das, was Sie gerade denken, da draußen wirklich passiert oder ob Sie nur auf Erinnerungen herumkauen. Für Ihr O-Nein-Zentrum ist das, was Sie da ausbrüten, nur alarmierend.

Der Witz – oder die Tragik – an der Sache ist: Alles, worüber Sie gerade nachgedacht haben, gehört der Vergangenheit an. Nur die Vergangenheit ist längst geschehen: Sie können daran nichts mehr ändern. Aber Sie können diese Zeit in Gedanken so negativ deuten, dass Sie sich *jetzt* richtig mies fühlen. Im Extremfall schaffen Sie sich so eine richtig kleine Hölle auf Erden.

Außerdem haben Sie überhaupt nicht über die *echte* Vergangenheit nachgedacht. Ihre Gedanken haben das, was passiert ist, nur *gedeutet*. Das, was passiert ist, wurde in Ihrer Steuerzentrale im Kopf neu interpretiert, und zwar in Richtung negativ. Was Ihre Gedanken Ihnen da erzählen, ist mehr eine Fantasiegeschichte als eine Tatsachenreportage. Das Problem dabei ist, Sie kaufen Ihren Gedanken alles ab. Auch die Geschichten darüber, was andere Leute über Sie denken, welchen Eindruck Sie gemacht haben. Und wenn Ihre Gedanken richtig aufdrehen, dann kommen noch ein paar Fantasiegeschichten über die Zukunft hinzu. Alles ist komplett ausgedacht. Merken Sie das?

GLAUBEN SIE NICHT
ALLEN IHREN GEDANKEN.

JEFFREY SCHWARTZ & REBECCA GLADDING (AUTOREN)

Solche selbst gebastelten Probleme ziehen Sie nur herunter, schwächen Sie und verderben Ihnen das Jetzt, diesen Moment. Sie verlieren Energie und Vitalität. Sie werden abgelenkt von dem, was für Sie wichtig ist und was Sie von Herzen gerne verwirklichen wollen. Durch das Nachdenken über eine Situation, die schon lange vorbei ist, haben Sie Ihre Gegenwart unnötig belastet. Denn es handelt sich dabei um eine Gegenwart, die möglicherweise völlig unproblematisch ist, solange Sie nicht auf etwas Altem, etwas Vergangenem herumkauen. Wäre es nicht eine riesige Erleichterung, aus diesem ständigen Problemdenken aussteigen zu können?

Der große Vorteil aller Meditationen ist, dass wir bewusster wahrnehmen, was unsere Gedanken veranstalten. Wir merken während der Meditation und manchmal auch mitten im Alltag, wie unsere Gedanken wild hin und her springen, was sie uns alles erzählen, woran sie uns erinnern und dass das meiste davon, überhaupt nichts mit dem zu tun hat, was wir gerade machen.

VERBINDEN SIE SICH MIT DEM HIER UND JETZT

Die nachfolgende Übung gehört zu den kraftvollsten Übungen, die ich jemals kennengelernt habe. Wie alles, was wirklich genial ist, ist sie im Prinzip sehr einfach. Und ihre enorme Wirkung beruht gerade in dieser Einfachheit. Denn unser Denken liebt Komplikationen und es erschafft auch immer wieder alle möglichen komplizierten Geschichten und Zusammenhänge. Um da wieder rauszukommen, brauchen wir eine sehr klare und simple Übung zum Still-Werden. Genau das bietet die Hier-und-Jetzt-Meditation. Mit ihr können Sie sich wieder mit dem verbinden, was tatsächlich real ist – mit der Gegenwart. Nur im Hier und Jetzt können Sie kraftvoll handeln. Auf der nächsten Seite sehen Sie die vier großen Vorteile der Hier-und-Jetzt-Meditation:

→ Sie halten inne und stoppen das negative Nachgrübeln. Sie hören für einen Moment auf, ein Problem zu basteln.

→ Sie bleiben mit Ihrer Aufmerksamkeit dort, wo Ihr Leben wirklich stattfindet: in der Gegenwart.

→ Ihr O-Nein-Zentrum in Ihrem Gehirn kommt aus dem Alarmzustand heraus. Sie können sich mehr entspannen und werden ruhiger.

→ Sie halten Ihr Energieniveau hoch und haben dadurch genügend Kraft, sich um das zu kümmern, was für Sie wichtig ist.
Bei der Hier-und-Jetzt-Meditation schließen Sie nicht die Augen. Im Gegenteil: Sie öffnen ganz bewusst alle Ihre Sinne, das Sehen, das Hören, das Fühlen, das Riechen und Schmecken. Ihre Sinne und alles, was Sie durch Ihre Sinne wahrnehmen, ist die Gegenwart. Besonders in Krisenzeiten ist das Hier und Jetzt ein sicherer Hafen. Viele Probleme, Ängste und Ärgernisse bestehen zu einem Teil aus echten Tatsachen und zu einem viel größeren Teil aus Kopftheater.

KEINE AUFMERKSAMKEIT FÜRS KOPFTHEATER

Mit der Zeit werden Sie merken, dass Gedanken flüchtige Erscheinungen sind, die kommen und gehen. Nur wenn Sie Ihre Gedanken für wichtig und glaubwürdig halten, werden sie hartnäckig wiederkommen. Ihre Aufmerksamkeit ist sozusagen der Treibstoff, der Ihre Gedanken anfeuert. Ihre Überzeugungen sind die Nester, in denen immer neue, passende Ideen ausgebrütet werden. Wenn Sie beispielsweise der Überzeugung sind, dass Sie alles falsch machen oder nicht liebenswert sind, werden Ihre Gedanken immer wieder darum kreisen.

WAHRE STÄRKE IST …

… aus dem Kopftheater auszusteigen, um das Hier und Jetzt zu genießen.

DIE HIER-UND-JETZT-MEDITATION

- Nehmen Sie sich Zeit und suchen Sie sich einen ruhigen Platz.

- Setzen Sie sich aufrecht hin. Achten Sie darauf, dass Sie gut ausbalanciert sitzen, ohne Schieflage. Lassen Sie alle Spannungen los. Achten Sie besonders darauf, dass Sie die Spannungen in den Schultern, im Bauchraum und im Gesicht loslassen.

- Verurteilen Sie sich nicht für das, was Ihnen durch den Kopf geht. Sagen Sie kurz »Hallo!« zu Ihren Gedanken. Heißen Sie sie freundlich willkommen.

- Jetzt ändern Sie die Richtung Ihrer Aufmerksamkeit. Sie hören auf, sich für das zu interessieren, was Sie denken. Stattdessen achten Sie auf das, was Ihre fünf Sinne wahrnehmen.

- Richten Sie Ihre Aufmerksamkeit auf das, was es gerade zu sehen gibt. Nur schauen. Auch wenn Ihnen alles bekannt vorkommt, schauen Sie. Ihnen werden ein paar Gedanken durch den Kopf gehen, die alles kommentieren. Das macht nichts. Lassen Sie Ihre Gedanken los. Verwickeln Sie sich nicht darin. Kommen Sie immer wieder zum puren Sehen zurück. Achten Sie beim Sehen nicht nur auf die Gegenstände, die Objekte. Achten Sie auch auf den Raum um Sie herum.

- Machen Sie das jetzt auch mit dem Hören. Lassen Sie Ihre Augen offen, aber achten Sie darauf, was Sie hören. Auch wenn Ihnen die Geräusche vertraut sind, bleiben Sie beim puren Hören. Auch das wird von Ihren Gedanken kommentiert. Auch das ist in Ordnung. Gedanken lieben es, zu allem ihren Senf dazuzugeben. Lassen Sie alle Gedanken los und bleiben Sie beim Hören. Achten Sie dabei auch auf die Stille, die sich hinter allen Geräuschen befindet. Eine Stille, die alle Geräusche einrahmt.

- Im nächsten Schritt achten Sie darauf, was Sie spüren. Wie fühlt sich das Sitzen an? Fühlen Sie die Raumtemperatur. Spüren Sie den Fußboden unter

Fortsetzung auf Seite 104

Fortsetzung von Seite 103

Ihren Füßen. Fühlen Sie, wie sich Ihr Körper anfühlt. Gibt es Gefühle, die Sie in Ihrem Körper wahrnehmen? Auch dazu werden Ihre Gedanken einiges sagen. Sie aber bleiben beim Spüren. Spüren Sie auch den Raum, der Sie umgibt?

- Wenden Sie sich jetzt den Sinneserfahrungen des Riechens und Schmeckens zu. Gibt es irgendeinen wahrnehmbaren Geruch? Haben Sie irgendeinen Geschmack im Mund? Auch hier melden sich Ihre Gedanken zu Wort. Lassen Sie sie gleich wieder los. Bleiben Sie ganz aufmerksam bei dem, was es zu riechen und zu schmecken gibt.

- Nachdem Sie alle Sinne aktiviert haben, verweilen Sie einfach ein wenig in Ihrer sinnlichen Wahrnehmung. Bleiben Sie bei dem puren Wahrnehmen von dem, was jetzt da ist. Versuchen Sie nicht, das, was Sie wahrnehmen, in Worte zu fassen. Statt wieder in den Kopf zu gehen, bleiben Sie bei Ihren fünf Sinnen: Wie ist das Hier und Jetzt? Ohne es in Worte zu fassen, schauen Sie, hören Sie, fühlen Sie, riechen und schmecken Sie das Hier und Jetzt.

- Üben Sie das ein paar Mal, auch wenn Ihre Gedanken behaupten, das sei langweilig oder würde nichts bringen. Ihre Gedanken wollen, dass Sie wieder auf sie hören. Aber Sie sind stärker und größer als die Gedanken, die Ihnen durch den Kopf gehen. Sie können Ihre Aufmerksamkeit steuern und dafür sorgen, dass Sie wieder ins Hier und Jetzt zurückkommen.

Deshalb ist das Meditieren so wunderbar hilfreich. Sie merken ganz bewusst, was Ihnen da ständig durch den Kopf geht, und Sie üben sich darin, Gedanken immer wieder loszulassen. Egal, worin sie bestehen. Und das Überraschende daran ist: Sie können ohne den ganzen Gedankensalat prima existieren. Das viele Herumdenken ist gar nicht so nützlich, wie es den Anschein hat. Hier und jetzt – ohne das Gedankengeplapper – kann das Leben sehr einfach sein. Es ist jedes Mal befreiend, wenn wir die Einfachheit wiederentdecken: Jetzt!

QUINTESSENZ:
MEDITATION

Sie können Ihr ängstliches, aufgeregtes, Sie in Panik versetzendes O-Nein-Zentrum durch die Meditation beruhigen und finden so langsam aber sicher zu Ihrer inneren Stärke zurück.

Finden Sie Ihre Lieblingsmeditation

→ die Drei-Minuten-Meditation
→ die Drei-Atemzüge-Meditation
→ achtsam und bewusst essen
→ die Hier-und-Jetzt-Meditation

Kultivieren Sie Ihre Meditationspraxis

→ Finden Sie regelmäßig Zeit für Ihre Meditation und planen Sie diese fest in Ihren Alltag ein.
→ Suchen Sie sich Ihre Plätze, an denen Sie ungestört meditieren können.
→ Lassen Sie vor jeder Meditation den inneren Druck los und haben Sie keine Erwartungen: Sie müssen nichts erreichen.
→ Achten Sie darauf, dass Sie aufrecht sitzen – ohne Verkrampfung, ohne zusammenzusacken. Einfach locker gerade sitzen.
→ Lassen Sie Ihre Lieblingsanspannungen los: in den Schultern, im Gesicht, in den Händen, im Bauch …
→ Achten Sie auf Ihren Ankerpunkt (Mantra, Atem, Kerze, Blume).
→ Registrieren Sie alle Gedanken und Störungen achtsam, ohne zu bewerten und ohne sich darin zu verwickeln.
→ Alles, was auftaucht, ist in Ordnung und kann losgelassen werden.
→ Kehren Sie immer wieder zurück zu Ihrem Ankerpunkt – bis die Zeit um ist, die Sie sich für die Meditation vorgenommen haben.
→ Bleiben Sie nach der Meditation noch kurz ruhig sitzen.

DIE STÄRKE,
MIT DER SIE SICH
SOUVERÄN ZEIGEN

Starkes Auftreten – selbst dann, wenn Sie sich unsicher
fühlen oder lieber weglaufen würden. Anderen Menschen
tatsächlich vermitteln, was Ihnen wichtig ist.
Souverän mit Kritik oder gar Ablehnung umgehen.
All das ist keine Zauberei.

UMARMEN SIE IHRE
SCHWÄCHE

Wirkliche Stärke umarmt die Schwäche und nimmt sie unter ihre Fittiche. Wir machen uns stark, indem wir unsere Nervosität, unsere Ängstlichkeit oder das mulmige Gefühl liebevoll an die Hand nehmen und zu ihm sagen: »Du gehörst zu mir und du darfst dich ruhig so fühlen. Ich übernehme das hier und kümmere mich um alles.« Wir tun das, was für uns richtig und wichtig ist, zusammen mit unserer Nervosität, zusammen mit unserer Ängstlichkeit, zusammen mit unserem mulmigen Gefühl. Während wir uns innerlich schwach fühlen, können wir nach außen hin dennoch das tun, was wir uns vorgenommen haben – ohne auf die anderen schwach zu wirken! Sie können sich auch dann stark in Szene setzen, wenn Sie glauben, Sie wären eigentlich viel zu schüchtern dafür. Laura ist ein gutes Beispiel, das zeigt, wie auch schüchterne Menschen kraftvoll auftreten können.

SCHEU UND SCHÜCHTERN SEIN, DAS IST VON GESTERN

Laura mochte nicht gern vor vielen Leuten reden. Schon als Kind war sie eher still, schüchtern und scheu. Aber als sie ihre Vision verwirklichte, wuchs sie über sich selbst hinaus.

Die junge Frau hatte zusammen mit einer Freundin eine eigene kleine Modekollektion entworfen und die Kleidungsstücke auch genäht. Die beiden wollten ihre Kollektion vorführen und hatten dafür einen Raum gemietet. Eingeladen wurden hauptsächlich Freunde, aber auch potenzielle Kunden und Kooperationspartner. Plötzlich steckte Laura in einer ungewohnten Rolle. Sie musste die Show organisieren. Einige ihrer Freundinnen traten als Models auf und führten die Kleider vor.

Es gab einen DJ, der Musik auflegte, und ein Catering, das für Speisen und Getränke sorgte. Laura betrat Neuland. Bisher hatte sie hauptsächlich Kleider entworfen und genäht. Jetzt stand sie vor der Aufgabe, ziemlich viele Leute zu dirigieren. Die Jungdesignerin hätte sich am liebsten versteckt und ihrer Freundin alles überlassen. Aber das ging nicht. Laura wollte sich selbstsicher zeigen und deutlich machen: »Ich leite das Ganze und ich weiß, was ich will.«

Ich habe die junge Frau in einem Kommunikationstraining kennengelernt. Dort habe ich ihr eine Strategie für selbstsicheres Auftreten gezeigt (die ich Ihnen auch gleich zeige). Damit hat Laura dann die Show organisiert und in dieser Haltung hat sie auch eine kleine Rede zur Eröffnung gehalten. Das war – wie sie mir später mailte – die Mutprobe ihres Lebens. Sie bestand sie mit Bravour, weil sie gelernt hatte, sich stark zu zeigen, auch wenn sie sehr nervös und bange ist.

SUPERNERVÖS, ABER KEINER HAT'S GEMERKT

Besonders die kleine Eröffnungsrede war für Laura ein riesiger Sprung heraus aus ihrer vertrauten Komfortzone. Bisher war sie keine große Rednerin gewesen. Sie betrat völliges Neuland, als sie vor den Gästen stand und alle Augen auf sie gerichtet waren. Laura hatte sich auf ihre kleine Rede gut vorbereitet und das Ganze mit ihrer Freundin und vor dem Spiegel sehr oft geprobt.

GLEICH HINTER DER ANGST
WARTET DER SCHATZ.

CHUCK HILLIG (SPIRITUELLER LEHRER UND AUTOR)

SICH SELBST ERMÄCHTIGEN

Persönliche Macht wird Ihnen von niemandem gegeben oder verliehen.

Sie ermächtigen sich selbst dazu, stark zu sein.

Kurz bevor es losging, hat Laura sich zurückgezogen. In einem Abstellraum konnte sie ungestört die Drei-Atemzüge-Meditation durchführen, um sich zu beruhigen. Dann ist sie bewusst in ihre selbstsichere Körperhaltung gegangen. Und in dieser Form hat sie die Veranstaltung eröffnet. Ihre Nervosität war die ganze Zeit extrem hoch, tobte durch ihren Körper und sie war schweißgebadet. Aber weil sie in so einer selbstsicheren Haltung dastand und sprach, hat ihr das niemand angesehen. Die Gäste haben sie bewundert, weil sie so ruhig und souverän die Show eröffnet hat. Ganz so, als hätte sie das schon hundert Mal gemacht.

BRINGEN SIE IHRE NATÜRLICHE AUTORITÄT ZUM VORSCHEIN

Jetzt möchte ich Ihnen diese Strategie, die Laura und vielen anderen Menschen schon sehr geholfen hat, genauer erklären. Ich habe sie die Selbstsicher-Auftreten-Strategie genannt.

Wenn Sie andere überzeugen wollen, ist diese Strategie das Herzstück und das Fundament. Sie können sich damit kraftvoll in Szene setzen – ohne arrogant zu wirken und ohne andere Menschen einzuschüchtern. Diese Strategie bringt auf natürliche Weise Ihre Autorität und Ihre Stärke zum Ausdruck – auch wenn Sie sich innerlich anders fühlen. Sie bringen Ihren Körper in eine selbstsichere Haltung und diese sorgt dafür, dass Sie sich innerlich stärker fühlen.

SELBSTSICHER AUFTRETEN

Halten Sie sich aufrecht.

Wenn Sie im Stehen reden, achten Sie auf einen geraden (aber nicht steifen!) Rücken. Stehen Sie mittig, gut ausbalanciert. Das Gleiche gilt fürs Sitzen.

Entspannen Sie Ihre Schultern.

Lassen Sie Ihre gesamte Schulterpartie tief nach unten sinken, sodass Sie den maximalen Abstand zwischen Ihren Ohren und Ihren Schultern erreichen.

Lassen Sie Ihre Arme locker hängen.

Ihre Arme und Hände dürfen sich bewegen, ohne dass Sie sie irgendwo festklammern, verknoten oder verschränken. Geben Sie Ihren Armen und Händen die Freiheit, Sie zu unterstützen. Sie können damit Gesten machen oder auch auf etwas zeigen.

Halten Sie Ihre Hände ruhig.

Zupfen Sie nicht an Ihrer Kleidung, Ihren Haaren oder Ihrem Schmuck herum. Bevor es losgeht, bringen Sie alles in Ordnung. Dann benutzen Sie Ihre Hände nur für Gesten. Wenn Sie nicht wissen, wohin mit den Händen, halten Sie eine Mappe in der Hand.

Halten Sie Blickkontakt, ohne zu starren.

Schauen Sie mit erhobenem Haupt andere Menschen an. Im Gespräch halten Sie einen ruhigen Blickkontakt mit Ihrem Gegenüber.

Strahlen Sie Freundlichkeit und Gelassenheit aus.

Zeigen Sie sich wertschätzend und offen. Ihr Gegenüber ist nicht Ihr Gegner, sondern Ihr Bündnispartner, auch wenn er das vielleicht noch nicht weiß.

GELASSENHEIT SIEGT: LOCKER BLEIBEN UND WEITERATMEN

Gerade zu Beginn geben sich manche Menschen sehr viel Mühe mit dieser selbstsicheren Haltung und weil sie sich *zu viel* Mühe geben, verspannen sie sich. Das Ganze wirkt dann wie eine Haltung aus dem Militärdienst. Es sieht so aus, als würde der Betreffende auf ein Kommando warten oder gleich selbst eins geben. Mein Tipp dazu: Achten Sie deshalb darauf, dass Sie in Ihrer aufrechten und selbstsicheren Haltung auch locker bleiben. Nicht strammstehen. Bringen Sie ein bisschen gelassene Heiterkeit in Ihren souveränen Auftritt.

Der zweite Tipp ist noch wichtiger: Atmen Sie. Sorgen Sie dafür, dass Ihr Gehirn genügend Sauerstoff bekommt. Bevor Sie das erste Wort sagen, atmen Sie tief ein und aus. Und dann … weiteratmen. Nicht aufhören. Es reicht, wenn Ihrem Gesprächspartner die Luft wegbleibt.

DIE SELBSTSICHER-AUFTRETEN-STRATEGIE: RUHIG UND BESTIMMT

Diese Selbstsicher-Auftreten-Strategie ist im Prinzip ganz einfach und hat enorm viele Vorteile für Sie. Hier die drei wichtigsten:

→ Egal, wie wenig Chancen Sie sich ausrechnen, und egal, wie sehr man Sie ausgelacht oder gemobbt hat – Sie können sich mithilfe der Selbstsicher-Auftreten-Strategie in eine kraftvolle Position bringen. Sie können unabhängig von Ihrer Vergangenheit ab sofort Würde, Kraft und Klarheit ausstrahlen. Diese Ausstrahlung kann Ihnen niemand nehmen oder verbieten. Sie zeigen damit: Ich weiß, was ich will, und ich bin es wert, das zu erreichen.

→ Auch wenn Sie schüchtern sind, weiche Knie haben und einen roten Kopf bekommen, Sie gehen bewusst in eine souveräne Haltung und diese Haltung stärkt Sie. Jetzt kann man Ihnen Ihre Unsicherheit überhaupt nicht mehr ansehen.

→ Ihre Chancen, sich durchzusetzen, steigen enorm. So wirken Sie auf andere sehr stark. Durch Ihr starkes Auftreten haben Sie alle Trumpfkarten in Ihrer Hand. Das gilt besonders, wenn Ihre Mitmenschen weniger entschlossen sind als Sie. Genau dann wirken Ihre Klarheit und Bestimmtheit wie ein Kompass, der zeigt, wo es langgeht.

ALS KLEINE STÄRKUNG ZWISCHENDURCH

Für mich ist diese Strategie ein zuverlässiger Rettungsanker, den ich benutzen kann, wenn ich in unbekannte Gewässer hinausschwimme. Was immer auch für Überraschungen dort auf mich warten und welchen Menschen ich auch dabei begegne – ich habe immer eine Haltung im Gepäck, die mir hilft, meine Unsicherheit im Zaum zu halten. Auch wenn ich sehr aufgeregt bin und nicht weiß, wo mir der Kopf steht, kann ich bestimmt und ruhig auftreten. Wenn mich jemand mit einer blöden Bemerkung überrascht, fehlen mir manchmal die Worte. Auch wenn ich komplett sprachlos bin – ich kann mich immer selbstsicher präsentieren. In dieser Haltung zeige ich: Blöde Bemerkungen prallen an mir ab. Aber ich nutze diese Strategie nicht nur bei Turbulenzen und großen Anlässen. Ich bin auch ein Fan der kleinen Stärkung zwischendurch. Ich stehe dann gern aufrecht und selbstsicher, wenn ich irgendwo warten muss, zum Beispiel an der Supermarktkasse, auf dem Bahnhof oder beim Einsteigen ins Flugzeug. Damit trainiere ich diese Haltung und gleichzeitig tue ich etwas Gutes für meinen Rücken und meine Schulterpartie. Arztpraxen, Autowerkstätten und Nobelrestaurants betrete ich sehr gern in dieser ruhigen und souveränen Haltung. Auch die Kribbeligkeit und die Verlegenheit bei einem ersten Date lassen sich damit sehr gut überspielen. Das ist eine selbstsichere Haltung für fast alle Lebenslagen. Das Gute daran: Je öfter Sie die selbstsichere Haltung bewusst einsetzen, desto geläufiger wird Sie Ihnen. Je gewohnter sie für Sie sein wird, desto schneller fällt Sie Ihnen in schwierigen Situationen ein.

WAHRE STÄRKE BRAUCHT
WENIG WORTE

Stärke kann man Ihnen ansehen. Sie zeigt sich in Ihrer Körperhaltung, in Ihren Gesten, in Ihrem Auftreten. Das ist die non-verbale Seite. Das, was Sie *ohne* Worte mitteilen. Aber Stärke kann man Ihnen auch auf jeden Fall anhören. Die Flüssigkeit Ihrer Sprache, Ihre Wortwahl, Stimmlage und die Lautstärke verraten etwas über Ihre innere Verfassung. Man kann hören, ob Sie innerlich überzeugt sind und zu dem stehen, was Sie wollen, oder ob Sie momentan etwas schwächeln. Beobachten Sie sich einmal: Reden Sie manchmal verschwommen und unklar? Machen Sie zu viele Worte, wenn Sie etwas an den Mann bringen wollen? Oder zu wenige? Das passiert sehr schnell, wenn sich Unsicherheit und Aufregung in einem breitmachen. Manche Menschen fangen dann sogar an zu stottern oder schaffen es nicht mehr, ihre Sätze richtig zu beenden. Bei anderen wiederum kann eine Angstattacke dafür sorgen, dass vor lauter Aufregung die Worte komplett fehlen: Sie haben eine Sprechblockade.

WER SICH DEN MUND FUSSELIG REDET, VERLIERT

Sebastian neigte dazu, viel zu viel zu reden, wenn er unsicher war. Er produzierte Wortlawinen und überschüttete damit seine Gesprächspartner. Das hatte ihm schon einige Nachteile eingebracht. Denn einige seiner Gesprächspartner, in der Regel waren das Geschäftsleute, reagierten sehr ablehnend, wenn sie vollgequatscht wurden. Der junge Mann ist ein Hobbyerfinder und passionierter Tüftler. Eine seiner Entwicklungen war ein neuartiger einbruchshemmender Fensterriegel. Sebastian hatte die Vision, seinen neuartigen Fensterriegel erfolgreich zu vermarkten, um damit viel Geld zu verdienen. Er suchte also ein Unternehmen beziehungsweise eine Firma, die sich daran beteiligen und seine Erfindung in Serie produzieren sollte. Sebastian legte sich unglaublich ins Zeug, nutzte alle seine Kontakte und fand schließlich ein paar Interessenten für seine Erfindung. Aber die Gespräche verliefen jedes Mal ergebnislos, obwohl (oder weil) der Jungerfinder sich den Mund fusselig redete.

Doch er gab nicht auf und nach langem Suchen hatte er Kontakt mit einem Firmenchef, der mit ihm reden wollte. Sebastian war deswegen sehr nervös. Genau da fing sein Problem an: Je nervöser er war, desto mehr redete er. Er strengte sich enorm an, um sein Gegenüber zu überzeugen. Seine Wortlawinen führten dazu, dass sein Gesprächspartner am Ende gar nichts mehr sagte. Er selbst stand dann vor einer Mauer des Schweigens. Aber dieses Mal sollte das nicht passieren. Von mir wollte Sebastian jetzt wissen, wie er vor allem selbstsicher auftreten und dabei ruhig reden kann.

Ich zeigte ihm die Selbstsicher-Auftreten-Strategie. Anfangs war es für ihn ungewohnt, so genau auf seine Körperhaltung zu achten. Wie viele Menschen, die ein Gespräch führen wollen, konzentrierte er sich vor allem auf seine Worte. Dass aber auch seine Körpersprache wichtig ist und dass er sie richtig einstellen kann, war ihm neu.

Es fiel ihm schwer, absichtlich ruhige Bewegungen zu machen, aufrecht zu sitzen und nicht ständig nervös an seinem Fensterriegel oder in seinen Unterlagen herumzufummeln. Sebastian brauchte etwas Übung,

NICHT ZU VIEL REDEN

Um andere Menschen zu überzeugen, müssen Sie nicht viele Worte machen. Wichtiger sind die wenigen Worte, die ins Schwarze treffen.

um sein Verhalten in den Griff zu bekommen. Anfangs war er bei dem Versuch, ruhig und aufrecht zu sitzen, sehr verkrampft. Doch nach ein paar Trainingsrunden gelang es ihm, locker zu bleiben.

DREI KNACKIGE ARGUMENTE REICHEN FÜR DEN ANFANG

Überraschend einfach war es für ihn, seine nervösen Wortlawinen in den Griff zu bekommen. Ich gab Sebastian den Tipp, sich vor dem Gespräch zwei Dinge zu überlegen:

→ Ein paar warmherzige Worte zur Begrüßung. Mit solchen freundlichen Formulierungen wird die Beziehungsebene geölt. Das sind Sätze wie: »Vielen Dank, dass Sie sich Zeit genommen haben.« Oder: »Ich bin dankbar dafür, dass Sie mir diese Chance geben.«

→ Drei knackige und kurze Formulierungen, mit denen Sebastian seine Erfindung präsentiert. Nur drei Punkte. Und die auch nur kurz. Einfache, klare Sätze. Und nach drei ist Schluss. Drei Punkte, drei Argumente, drei Tatsachen, drei Ideen können wir uns gut merken. Bei mehr wird es schwierig. Man fühlt sich bei zu vielen Worten schnell erschlagen und hört nicht mehr richtig zu. Also nur drei kurze Ausführungen und nicht mehr. Alles Weitere kann man nachlegen, wenn das Gegenüber danach fragt oder man im Gespräch darauf kommt. So geht's: kurz, einfach, auf den Punkt.

WAS INTERESSIERT DEN ANDEREN?

Ihr Gesprächspartner hört Ihnen gern zu, wenn Sie über **seine** Vorteile und **seinen** Nutzen reden. Inwieweit nützt das, was Sie wollen, dem anderen?

Sebastian war zuerst ein wenig verschnupft, weil ich ihn bat, nur drei Punkte zu erklären. Er hätte gern achtzehn bis fünfundzwanzig Argumente angeführt. Aber damit überschätzte er, der ja völlig im Thema war, das Auffassungsvermögen seiner Mitmenschen. Er dachte lange darüber nach, aber am Ende sah er tatsächlich drei ganz besondere Vorteile, die für seine Erfindung sprachen. Das waren nun treffende Argumente, die ein Gesprächspartner gut aufnehmen und verarbeiten konnte. Damit fühlte sich Sebastian gut vorbereitet und innerlich gestärkt für das wichtige Gespräch.

Seine ruhige, selbstsichere Körperhaltung und der disziplinierte Einstieg ins Gespräch – die drei kurzen Punkte – haben Sebastian sehr geholfen. Der Firmenchef, mit dem er über eine Stunde lang redete, war beeindruckt davon, wie professionell Sebastian seine Erfindung präsentierte. Die beiden haben ein Expertengespräch geführt, bei dem Sebastian ungefähr genauso viel gesprochen hat wie sein Gegenüber. Es wurden weitere Gesprächstermine vereinbart. Das war ein erster Erfolg für Sebastian, denn jetzt hatte er zumindest einen Fuß in der Tür.

ERST DENKEN, DANN PLANEN UND DANN LOSLEGEN

Wenn Sie vor der Frage stehen »Wie sage ich das nur?«, lautet mein Tipp: Legen Sie sich ein paar vorbereitete Sätze zurecht. NIchts Gekünsteltes, sondern die Worte, die zu Ihnen passen.

Sie müssen das, was Sie sich vorher ausgedacht haben, nicht genauso aussprechen. Sie können immer noch spontan etwas Besseres oder etwas Passenderes sagen. Aber wenn Sie vor lauter Aufregung einen Blackout haben, sind solche vorbereiteten Sätze ein guter Notbehelf. Außerdem spricht überhaupt nichts dagegen, dass Sie sich diese Sätze aufschreiben und mit in eine Besprechung nehmen. Vorbereitet zu sein ist ein Zeichen dafür, dass Sie die Sache ernst nehmen und dass Sie gleich auf den Punkt kommen wollen.

ENTSCHEIDEND FÜR DAS GESPRÄCHS-KLIMA: DIE ERSTEN WORTE

Ich schreibe mir immer die ersten Sätze auf, mit denen ich einen Vortrag oder ein Trainingsseminar eröffne. Besonders wichtig sind mir dabei die Namen der Leute, bei denen ich mich bedanken möchte. Das sind meistens die Veranstalter oder die Organisatoren. Ich finde, gute erste Worte haben eine große Bedeutung, und es ist dabei sehr wichtig, dass ich die Namen richtig ausspreche.

Auch wenn Sie am Ende spontan reden – eine gute Vorbereitung sorgt dafür, dass Sie Ihre Gedanken sortieren und sich auf das fokussieren, was wirklich wichtig ist. Sie machen sich *vorher* klar, was Sie wollen, worum es Ihnen geht. Egal, ob Sie eher viel oder eher wenig reden, notieren Sie drei Punkte, die Sie ansprechen wollen.

Probieren Sie aus, wie Sie Ihre Ideen oder Ihre Ansichten in Worte fassen können. Achten Sie darauf, dass Sie das Ganze so formulieren, wie Sie auch normalerweise im Alltag sprechen würden. Vermeiden Sie eine aufgesetzte, gekünstelte Imponiersprache. Die klingt meistens sehr unecht und damit untergraben Sie Ihre Glaubwürdigkeit.

Wie würden Sie mit mir sprechen, wenn ich Sie frage: »Was möchten Sie? Und warum wollen Sie das?«. Genauso direkt und klar können Sie auch mit Ihrem Gegenüber reden. Denken Sie daran, dass Sie dabei ein großes Plus auf Ihrer Seite verbuchen können: Sie wissen, was Sie wollen. Das dürfen Sie ruhig zeigen.

TRETEN SIE IN DIALOG

Sie überzeugen Ihren Gesprächspartner eher in einem Dialog als durch einen Monolog. Beziehen Sie ihn ein in Ihre Gedankenwelt.

IHR WORT IN JEDERMANNS OHR

Überlegen Sie sich, was Sie nach der Begrüßung sagen.

Überlegen Sie sich in Ruhe, mit welchen Worten Sie anfangen wollen. Ich empfehle Ihnen, mit ein paar freundlichen Sätzen anzufangen. Wenn nötig, stellen Sie sich kurz vor, zeigen Sie Ihre Dankbarkeit, bringen Sie Ihre Wertschätzung für Ihren Gesprächspartner zum Ausdruck. Damit schaffen Sie ein positives Gesprächsklima.

Machen Sie sich klar, was Sie wollen.

Formulieren Sie ein paar Sätze, mit denen Sie ausdrücken, was Sie wollen. Was ist Ihr Anliegen? Was möchten Sie erreichen? Welche Informationen brauchen Sie von Ihrem Gegenüber? Worum bitten Sie? Was möchten Sie tun oder auch nicht tun? Führen Sie sich klar vor Augen, wie Ihre Interessen aussehen.

Testen Sie Ihre Worte vorher.

Halten Sie ruhig ein paar Probereden. Sprechen Sie in Ihrem stillen Kämmerlein mit der Wand, dem Spiegel oder mit einer Kamera. Probieren Sie aus, welche Worte besser ankommen. Versetzen Sie sich in die Rolle Ihres Gesprächspartners. Wie müsste man mit Ihnen sprechen, damit Sie anbeißen? Oder was müsste man zu Ihnen sagen, um sich bei Ihnen durchzusetzen? Solche Formulierungen finden Sie am besten, wenn Sie sie laut aussprechen.

Schalten Sie Ihren Optimismus an.

Bevor Sie auf Ihren Gesprächspartner oder Ihre Leute zugehen, bringen Sie sich selbst in eine zuversichtliche Stimmung. Nutzen Sie die Drei-Atemzüge-Meditation oder die Hier-und-Jetzt-Meditation, um sich zu beruhigen. Vertrauen Sie darauf, dass Sie die Sache gut über die Bühne bringen. Was immer auch passiert, Sie kommen damit klar.

LASSEN SIE SICH NICHT
HERUMSCHUBSEN

Jennifer beklagte sich bei mir, weil ein älterer Kollege sie ständig herumschubste. Der Mann sagte ihr ständig, was sie zu tun und zu lassen hätte: wann das Fenster auf- und zuzumachen und wie ihre Computertastatur zu reinigen wäre. Auch verlangte er von ihr, dass sie gefälligst leiser telefonieren sollte, damit er nicht abgelenkt würde. Jennifer fühlte sich durch den Kollegen massiv bevormundet: »Ich komme mir vor, als wäre ich seine achtjährige Tochter, die machen muss, was Daddy von ihr verlangt. Wenn ich das nicht tue, schimpft er laut mit mir wie mit einem Kleinkind. Das ist total peinlich.« Manchmal stelle ich sehr unbequeme Fragen. Immer wenn meine Seminarteilnehmer davon berichten, dass sie herumgeschubst werden, kommt von mir so ein unbequemer Einwand: »Inwieweit machen Sie bei der ganzen Sache mit? Inwieweit lassen Sie zu, dass jemand Sie auf diese Weise behandeln kann?«

KURZ GESAGT WERDEN ANDERE DAZU NEIGEN, DIR DAS ZU VERKAUFEN, WAS DU ZU KAUFEN PFLEGST.

CHUCK HILLIG (SPIRITUELLER LEHRER UND AUTOR)

Als ich mit Jennifer sprach, fiel es mir sofort auf: Die Frau benutzte manchmal Worte, mit denen sie unsicher wirkte. Achten Sie auf ihre Wortwahl. Jennifer sagte zu mir: »Ich weiß nicht, aber irgendwie möchte ich eigentlich, dass der Typ aufhört, seine Nase in meine Angelegenheiten zu stecken – oder? Ich denke, der müsste doch irgendwie mal gemerkt haben, dass er total peinlich ist. Ich müsste … keine Ahnung … ihn stoppen und ihm vielleicht irgendwie klarmachen, dass er aufhören soll. Liege ich da falsch? Ich will nicht zickig sein, aber vielleicht müsste ich mehr dagegen unternehmen. Oder?« Haben Sie es gemerkt? Jennifer wusste, was sie wollte und was nicht. Aber wie hat sie das ausgedrückt? Sie sagte nicht klipp und klar: »Das stört mich und das will ich nicht mehr.« Stattdessen benutzte sie Worte, die auf andere garantiert unsicher wirkten. Sie begann ihren ersten Satz mit »Ich weiß nicht« und dann kamen Fragen. Und dazu noch Begriffe wie »vielleicht«, »eigentlich« und »irgendwie«. Mit dieser Wortwahl zeigte Jennifer die ganze Zeit: Ich bin mir nicht sicher.

Sprechen ist – wie unsere Körperhaltung – ein Signal für andere Menschen, das ihnen zeigt, wie mit uns Kirschen essen ist. Wirken wir durch unsere Worte entschlossen, sicher und überzeugt? Oder eher schwammig, wankelmütig, unsicher?

LADEN SIE ZUM SCHUBSEN EIN?

Machen wir einen kleinen Test: Sie wollen Ihrem Kollegen sagen, dass Sie gleich nach Hause gehen werden. Wie würden Sie das ausdrücken?

→ »Ich weiß nicht, aber ich glaube, es wäre für mich besser, wenn ich für heute Schluss machen würde und jetzt nach Hause gehe.«

→ »Für mich ist es besser, wenn ich für heute Schluss mache und jetzt nach Hause gehe.«

→ »Ich mach für heute Schluss und gehe jetzt nach Hause.«
  Lesen Sie die drei Sätze noch einmal laut und achten Sie jetzt genau darauf, wie die einzelnen Formulierungen auf Sie wirken.

STRATEGIE

DIE KRAFT DER DIREKTHEIT

Machen Sie sich bewusst, wie Sie sprechen.

Achten Sie darauf, ob Sie sich zaghafte, Unsicherheit vermittelnde Floskeln angewöhnt haben. Überprüfen Sie, ob Sie folgende Unsicherheitsworte benutzen, obwohl Sie ganz sicher wissen, was Sie wollen:

»Keine Ahnung ...«, »Ich weiß nicht ...«

»Ich glaube ...«, »Ich würde ...«, »Könnte sein...«

»vielleicht«, »eventuell«, »mal sehen«

Bereiten Sie Ihre klare Ansage vor.

Immer wenn Ihr Gegenüber von Ihnen ein Signal benötigt, dass Sie sich Ihrer Sache wirklich sicher sind, dann reden Sie ab sofort immer Klartext – und zwar ohne die Verwendung zögerlicher Floskeln. Überlegen Sie sich schon im Vorfeld: »Wie kann ich das, was ich jetzt sagen möchte, schnörkellos und entschlossen ausdrücken?« Bereiten Sie zu diesem Zweck innerlich immer ganze Sätze vor. Das ist besonders nützlich, wenn Sie zum Beispiel um eine Gehaltserhöhung verhandeln, sich für eine neue Position bewerben oder wenn Sie jemandem eine Grenze setzen und »Nein« sagen wollen. Alles, was Ihnen wichtig ist, braucht eindeutige, entschlossene Worte von Ihnen.

Stoppen Sie sich, wenn Sie vage und nebulös reden.

Sind Sie wirklich so unsicher, wie Sie sich manchmal geben? Wenn nicht, dann sagen Sie das, was Sie zum Ausdruck bringen wollen, noch einmal. Aber dieses Mal verwenden Sie klare, einfache und schnörkellose Aussagen. Verkünden Sie Ihren Beschluss knapp und entschlossen, statt einen verbalen Eiertanz aufzuführen. Sagen Sie, was für Sie gut und richtig ist, ohne sich dabei hinter zu vielen Worten zu verstecken. Sie können übrigens jederzeit einen zweiten oder dritten Anlauf nehmen, um Klartext zu reden.

Bleiben Sie selbstsicher, auch wenn Sie sich im Grunde unsicher oder hilflos fühlen.

Selbstverständlich können Sie es sich erlauben, komplett unsicher oder hilflos zu sein. Wenn Sie das zum Ausdruck bringen wollen, vertreten Sie Ihre Unsicherheit ganz offensiv, mit erhobenem Haupt und in einer aufrechten Haltung (mit der Selbstsicher-Auftreten-Strategie):

»Im Moment weiß ich nicht weiter. Aber das ist kein Problem. Ich werde darüber nachdenken.«

»Das ist mir noch nie passiert. Da fehlen mir die Worte.«

»Ich bin noch unsicher. Ich brauche noch ein wenig Zeit zum Überlegen.«

»Das hatte ich mir anders vorgestellt. Im Moment bin ich ein wenig hilflos und weiß nicht, was ich machen soll. Ich überlege gerade, ob ...«

»Bitte lass mir ein wenig Zeit, damit ich eine Entscheidung treffen kann.«

»Ich fühle mich gerade überrumpelt. ich brauche Bedenkzeit.«

Ihr Gegenüber hört aus Ihrem Mund, dass Sie unsicher oder hilflos sind, gleichzeitig merkt derjenige aber auch, dass Sie damit klarkommen. Sie stehen selbstsicher zu dem, was Sie gerade erleben und wie Sie sich dabei fühlen. Sie machen sich für Ihre Unsicherheit stark und wirken dadurch auch wie eine starke Persönlichkeit.

Der erste Satz der Schubseinladungen von Seite 121 wirkt weich, aber auch unsicher. Die Worte »Ich weiß nicht, ich glaube, es wäre für mich besser ...« drücken aus: »Ich bin mir nicht zu hundert Prozent sicher. Ich stehe noch nicht kraftvoll hinter dieser Entscheidung.« Für Ihren Gesprächspartner sind solche vagen, unsicheren Worte ein Signal dafür, dass bei Ihnen noch Führungsbedarf besteht. Er gewinnt den Eindruck, Sie brauchen Rat, Hilfe und klare Ansagen. Sie wollen beeinflusst werden und wenn Ihr Gesprächspartner gern die Oberhand hat, wird er das auch tun. Entweder er lenkt Sie in Ihre Richtung: »Ja, mach doch Feierabend. Wir kommen hier ohne dich klar.« Oder er wird Sie in die andere Richtung lenken: »Nun sei doch mal ein bisschen flexibel. Das Ganze hier dauert doch höchstens nur noch eine Stunde. Die eine Stunde tut dir doch nicht weh.« Auf jeden Fall wird er versuchen, Sie in die eine oder andere Richtung zu schubsen. Ihr Gegenüber mischt sich bei Ihnen ein (und argumentiert vielleicht sogar gegen Sie), nur weil Ihre Wortwahl wankelmütig wirkte – und das, obwohl Sie vielleicht sehr genau wussten, was Sie wollten. Sie werden geschubst, weil Sie den anderen zum Schubsen eingeladen haben.

Bei der zweiten Formulierung »Für mich ist es besser, wenn ich für heute Schluss mache und jetzt nach Hause gehe« kommen keine Unsicherheitsfloskeln mehr vor. Das Ganze klingt schon nach jemandem, der weiß, was er will. Aber es geht noch entschlossener.

Bei der dritten Formulierung »Ich mach für heute Schluss und gehe jetzt nach Hause« bekommt der Gesprächspartner ein eindeutiges Signal. Hier spiegelt sich die innere Entschlossenheit auch in den Worten. Da gibt es kein »Ich glaube« und auch kein »Ich würde«. Da gibt es nur ein »So ist es«. Sie zeigen: Das will ich und ich bin mir zu hundert Prozent sicher. Ihre Worte laden nicht dazu ein, dafür oder dagegen zu argumentieren. Sie wollen weder diskutieren, noch besteht bei Ihnen ein Führungsbedarf. Sie verkünden Ihren Beschluss. Ihre Worte zeigen: Da bin ich mir sicher. Dazu stehe ich.

WARUM MAN MANCHMAL SEINE STÄRKE VERSTECKT

So seltsam es sich anhört, aber manche Menschen verbergen ihre Stärke lieber, als sie anderen zu zeigen. Dahinter steckt die Befürchtung, durch die eigene Stärke würde man unsympathisch wirken und andere Menschen könnten einen ablehnen oder gar aggressiv auf einen reagieren. Es ist wie eine innere Haltung, die besagt: Ich will niemandden herausfordern und auch überhaupt nicht auffallen. Deshalb tue ich lieber so, als wäre ich klein und schwach. (Mit einem schönen Gruß vom O-Nein-Zentrum in unserem Gehirn.)

Das ist eine Art von Selbstverkleinerung. Irgendwann hat man seine Mitmenschen davon überzeugt und die anderen halten einen dann tatsächlich für viel schwächer, als man in Wirklichkeit ist.

Jennifer war eine starke Frau, die Angst hatte, ihre Stärke zu zeigen. Ihre unsichere Sprechweise war für sie wie ein Kostüm, das ihr überall zu klein war. Genauso wie mit mir sprach Jennifer auch mit ihrem Kollegen. Sie präsentierte sich unsicher, wie eine Frau, die keine Ahnung hat und nicht weiß, was sie will. Damit hatte sie ihren Kollegen unbewusst eingeladen, sie zu bevormunden und sie herumzuschubsen. Der Kollege schlüpfte damit in die Rolle eines Kommandanten, der seiner scheinbar ratlosen Kollegin ständig sagen musste, was sie tun und lassen sollte. Obwohl er es sicherlich nicht böse meinte, bekam er auf diese Weise die Oberhand in der Beziehung. Er dominierte Jennifer. Das Rollenspiel zwischen den beiden sah schließlich so aus: Sie war die Kleine, die nichts wusste und nichts konnte, und er war derjenige, der ihr sagte, wo es wirklich langging.

Solche Herumschubsprobleme stellen in gewisser Weise ein großes Geschenk dar. Obwohl wir überhaupt nicht mögen, was da mit uns passiert, können wir eine wichtige Entdeckung machen. Wir können erkennen, wie wir uns selbst immer wieder verkleinern. Und wie wir unsere innere Stärke abschwächen und unser inneres Licht herunterdimmen. Mit dieser Selbstverkleinerung laden wir andere Menschen nur dazu ein, uns von oben herab zu behandeln.

Wenn Sie merken, dass Sie sich selbst geschwächt haben, dann geben Sie sich bitte nicht die Schuld dafür. Sie haben nur automatisch ein altes Verhaltensmuster aus der Mottenkiste geholt, das Sie perfekt beherrschen. Sie haben sich viele Jahre lang so verhalten und da ist es kein Wunder, dass es als Erstes aus Ihnen herausschwappt, wenn Sie eine Entscheidung verkünden wollen.

STRATEGIE
IHR PERSÖNLICHER ANTI-SCHUBS-PLAN

Beruhigen Sie zuerst Ihr O-Nein-Zentrum im Gehirn.

Immer wenn Sie sich daran erinnern, wie andere Leute Sie herumgeschubst haben, entstehen in Ihrem Körper stressige Gefühle. Das regelmäßige Meditieren hilft Ihnen, diesen Stress zu stoppen. Nehmen Sie dafür die Meditation, die Ihnen am meisten zusagt, bei der Sie sich am wohlsten fühlen. Jetzt hat Ihre Stärke freie Bahn, um sich von innen nach außen zu entfalten.

Verbinden Sie sich mit dem, was Sie wirklich wollen – mit Ihrem inneren Bild, Ihrer Vision.

Sie brauchen niemanden, der Ihnen sagt, wo es langgeht. Sie sind nicht führungsbedürftig. Sie kennen Ihren Kurs. Sie wissen, was Ihnen wichtig ist und was Sie verwirklichen wollen. Aber vielleicht vergessen Sie hin und wieder Ihre Vision oder lassen sich von der Dominanz eines anderen Menschen beeindrucken. Das kommt vor und es ist kein Problem. Suchen Sie sich ein ruhiges Plätzchen und gönnen Sie sich eine Stippvisite bei Ihrer Vision. Was möchten Sie verwirklichen? Was ist Ihnen so wichtig, was begeistert Sie so sehr, dass Sie es in Ihr Leben bringen möchten? Wie würden Sie sich fühlen, wenn Sie das schon erreicht hätten? Das ist Ihre Richtung. Lassen Sie das Dominanzgehabe anderer Leute links liegen. Bleiben Sie bei dem, was Sie wollen.

Gehen Sie in Ihre Selbstsicher-Auftreten-Haltung.

Machen Sie Ihr Licht heller und strahlender und zeigen Sie sich von Ihrer souveränen Seite. Gönnen Sie sich Ihre aufrechte Haltung und bewegen Sie sich ruhig – wie eine Raubkatze, die ihr Revier durchschreitet. Sie müssen dabei auf gar keinen Fall feindselig oder angespannt sein. Es reicht völlig, wenn Sie mithilfe Ihrer Körpersprache Ihre volle Autorität zeigen, ohne sich zu verstecken und ohne sich dafür zu entschuldigen.

Verkünden Sie Ihre Entscheidungen ruhig und deutlich und machen Sie klare Ansagen.

Verwenden Sie einfache, klar formulierte Sätze, um das auszudrücken, was Ihnen wichtig ist. Sprechen Sie mit einem Punkt am Ende oder auch einmal mit einem Ausrufungszeichen, statt ständig ein Fragezeichen zu setzen.

Vermeiden Sie den selbstverkleinernden Nebel aus: »keine Ahnung«, »ich weiß nicht«, »ich würde vielleicht«, »eventuell«, »mal sehen« ... Wenn Sie wirklich unentschlossen sind, können Sie das entschlossen – in klaren Sätzen – rüberbringen. Wenn Ihnen das anfangs schwerfällt, überlegen Sie kurz, bevor Sie etwas sagen. Prüfen Sie, ob Sie sich klar ausdrücken.

Beenden Sie das Ganze einfach. Ab jetzt können Sie Ihre watteweichen, halbgaren Sätze einfach noch einmal wiederholen, und zwar in der selbstsicheren Fassung. Sagen Sie, was Sie wollen – kurz und klar. Sie wissen nun, wie es auch anders geht, und können diese Strategie ganz nach Bedarf in Ihren Anti-Schubs-Plan einbauen.

MIT ERHOBENEM HAUPT SCHREITEN

Jennifer besuchte eines meiner Selbstsicherheitstrainings. Dort lernte sie, sich wieder mit ihrer inneren Stärke zu verbinden. Als sie die entschlossene, starke Sprechweise übte, wurde sie geschätzte zehn Zentimeter größer. Zumindest wirkte sie so.

Als Jennifer nach dem Training wieder ins Büro kam, ging sie mit erhobenem Haupt durch die Korridore. Sie sprach jetzt etwas langsamer als früher, aber dafür machte sie ganz bewusst mehr Aussagesätze, wenn sie etwas von jemandem wollte. Ihr Kollege merkte, dass etwas bei ihr anders war, aber aus lauter Gewohnheit versuchte er weiterhin, sie herumzuschubsen. Jennifer führte deswegen keine Grundsatzdebatten mit ihm. Sie fing nicht an, sich mit ihm zu streiten.

Auf solche Situationen hatte sich Jennifer im Trainingsseminar vorbereitet. Wir haben das wieder und wieder im Rollenspiel geübt. Immer wenn der Kollege ihr sagte, was sie gefälligst tun und lassen sollte, saß Jennifer aufrecht auf ihrem Bürostuhl. Sie schaute ihn an und antwortete ganz ruhig: »Danke für den Hinweis.« Manchmal fügte sie noch hinzu: »Das entscheide ich.« Oder :»Das lass ich mir durch den Kopf gehen.« Jennifer zeigte sich von ihrer starken Seite. Sie blieb in ihrer besten selbstsicheren Haltung. Ihr Kollege schaffte es nicht mehr, sie herumzuschubsen. Nach einiger Zeit normalisierte sich das Verhältnis zwischen den beiden. Das Schubsspiel war endgültig beendet.

DER SCHUBSER ALS WEGWEISER

Oft muss derjenige, der uns nervt, sich überhaupt nicht verändern, damit wir mehr Stärke zeigen können. Tatsächlich sind unsere nervigen Mitmenschen für uns sehr gute Hinweisschilder. Sie zeigen uns, wo wir uns noch selbst verkleinern und wo wir unsere wahre Größe verstecken. Sie sind wie Trainingspartner, mit denen wir unsere Stärke entdecken und trainieren können.

Gut, dass solche Menschen in Ihrem Leben vorkommen. Beklagen Sie sich nicht über diese Leute. Stattdessen nutzen Sie sie für Ihre persönliche Weiterentwicklung. Wenn Sie das nächste Mal einen Schubser oder einen Unterdrücker vor sich haben, fragen Sie sich: Welche meiner Stärken kann ich mit diesem Menschen trainieren? Welche innere Einstellung hilft mir, ruhig und besonnen zu bleiben, während der andere eben so ist, wie er nun mal ist. Und was kann ich aktiv für meine Stärke und mein Wohlbefinden tun?

Wenn Sie die Chance nutzen und an dieser Stelle stärker werden, können Sie bald dabei zusehen, wie sich das Ganze verwandelt. Ihre Kommunikation verändert sich, das alte Spiel ist endlich vorbei. Dabei ist Ihr nerviger Zeitgenosse immer noch derselbe geblieben. Nur Sie lassen sich von dieser Person nicht mehr vorführen. Sie sind eine souveräne Persönlichkeit geworden.

DIE ANGST, DUMM DAZUSTEHEN

Für uns als Gestalter und als Visionäre ist es völlig normal, dass wir hin und wieder etwas nicht wissen. Leider ist dieser Zustand, etwas nicht zu wissen und sich nicht auszukennen, nicht unbedingt angenehm. Viele Menschen mögen dieses Gefühl, dumm dazustehen, überhaupt nicht. Das hat einen einfachen Grund: Sie fürchten sich insgeheim davor, von ihren Mitmenschen ausgelacht und abgewertet zu werden, wenn sie offen zugeben, dass sie etwas nicht wissen. Viele haben schon in der Schule die Erfahrung gemacht: Wenn ich zeige, dass ich etwas nicht weiß, blamiere ich mich und bekomme schlechte Zensuren.

Lassen Sie sich von niemandem auslachen oder kritisieren, weil Sie etwas nicht wissen: Wenn Sie sich für das starkmachen, was Sie erreichen wollen, werden Sie zwischendurch etwas nicht wissen. Ja, Sie werden manchmal dumm dastehen. Das ist sogar ein gutes Zeichen. Es zeigt, dass Sie dabei sind, neue Horizonte zu erforschen. Ihnen fehlen einige Kenntnisse und vielleicht auch ein paar Erfahrungen. Das ist normal, denn niemand auf der Welt weiß alles. Jeder hat irgendwo seine Wissenslücken.

Falls jemand Sie belächelt oder abschätzig behandelt, nutzen Sie sofort die Selbstsicher-Auftreten-Strategie. Gehen Sie in eine aufrechte Haltung. Stehen Sie ganz souverän zu Ihrem Nichtwissen, ohne sich dafür zu entschuldigen und ohne sich dafür zu schämen. Schauen Sie den Betreffenden gelassen an und sagen Sie ganz ruhig: »Ja, damit kenne ich mich tatsächlich noch nicht aus. Das ist neu für mich.« Falls es für Sie wichtig ist, legen Sie noch eins drauf: Bitten Sie Ihr Gegenüber, Ihnen die Sache zu erklären. (Erstaunlich, was dabei herauskommen kann: Diejenigen, die so tun, als wüssten sie alles, haben oft nur ein bröckeliges Halbwissen anzubieten.)

STRATEGIE

HEMMUNGSLOSES FRAGENSTELLEN

Denken Sie ganz konzentriert an das, was Ihnen wichtig ist, was Sie verwirklichen wollen – beschäftigen Sie sich intensiv mit Ihrer Vision.

- Vor welchem Problem stehen Sie im Moment?

- Welche Informationen fehlen Ihnen?

- Was würden Sie gern wissen oder in Erfahrung bringen? Was könnte Ihnen bei der Umsetzung nützen und hilfreich sein?

- Schreiben Sie alle Ihre Fragen auf. Dann schauen Sie nach, welche Frage für Sie jetzt die wichtigste ist. Was möchten Sie gern wissen, um mit Ihrer Vision einen Schritt weiterzukommen?

- Überlegen Sie einen Moment, wo Sie Ihre Antworten finden. Wo sind die Menschen, die darüber Bescheid wissen? Was können Sie sich aus dem Internet besorgen? Gibt es Bücher, Zeitschriftenartikel über das, was Sie wissen wollen? Haben Sie in Ihrem Freundes- und Bekanntenkreis jemanden, der Ihnen etwas zum Thema sagen kann?

- Verwandeln Sie sich in einen Jäger, der auf die Pirsch geht und sehr konzentriert ein ganz klares Ziel vor Augen hat. Jagen Sie förmlich die Informationen, die Ihnen fehlen, und lassen Sie nicht locker. Fassen Sie sich ein Herz und gehen Sie auch auf Menschen zu, die Sie normalerweise nicht ansprechen würden. Und stellen Sie hemmungslos Ihre Fragen.

- *»Kennst du leer stehende Gewerberäume in der Nähe? Ich suche einen Raum, in dem ich mir ein Atelier einrichten kann.«*

- *»Sie haben einen großartigen Online-Shop. Wie organisieren Sie den Versand Ihrer Produkte?«*

- *»Wir wollen unseren Garten umgestalten. Kennst du einen Gärtner, der auch Badeteiche anlegen kann?«*

- »Wir wollen uns auf der Insel Menorca eine Ferien-Finca kaufen. Wie sieht ein korrekter Kaufvertrag aus und welche Auflagen gibt es vonseiten der Behörden in Spanien?«

- »Ich suche Mütter, die Kinderkleidung tauschen wollen. Haben Sie vielleicht Lust, da mitzumachen?«

- Bedanken Sie sich bei dem Menschen, den Sie befragt haben, für die Antwort, die Sie erhalten – und zwar immer. Auch wenn Sie nur eine Ablehnung oder ein »Nein« oder ein »Weiß ich nicht« kassieren. Dankbarkeit ist das Zeichen der Profis. Ein Zeichen dafür, dass Sie gelassen mit jeder Antwort –, egal wie sie auch ausfallen mag – umgehen können.

WER SCHLAUE ANTWORTEN SUCHT, MUSS IMMER FRAGEN STELLEN

Sie lernen etwas Neues und dafür brauchen Sie Informationen. Daran führt kein Weg vorbei. Also gehen Sie los und holen Sie sich die Informationen. Womöglich gibt es bereits Leute, die das erreicht haben, was Sie erreichen wollen. Menschen, die die Informationen und Tipps haben, die Ihnen jetzt noch fehlen. Üben Sie sich darin, hemmungslos nach allen Informationen zu fragen, die Ihnen noch fehlen.

Während ich das verwirkliche, was mir wichtig ist, eröffne ich immer einen Fragenpool. Ich sammle alle Fragen, die mir in den Sinn kommen, und zwar schriftlich. Was ich aufgeschrieben habe, behalte ich besser im Hinterkopf.

Oft ergibt sich zufällig in den nächsten Tagen eine Gelegenheit, einige dieser Fragen zu stellen und beantworten zu lassen. Beispielsweise unterhalte ich mich am Telefon mit einer Journalistin, die mich interviewen will. Beim Vorgespräch stellt sich heraus, dass sie auch Bücher schreibt. Und schon kann sie mir ein oder zwei Fragen beantworten, die mir bei meinem aktuellen Buchprojekt weiterhelfen.

WAHRE STÄRKE IST ...

... neugierig zu sein und den Mut zu haben, immer wieder anderen Menschen hemmungslos Fragen zu stellen.

Solche zufälligen Gelegenheiten gibt es im Alltag immer wieder. Wir treffen Leute, mit denen wir ein wenig plaudern, und plötzlich stellen wir fest, dass da jemand vor uns steht, der Erfahrung mit dem hat, was wir verwirklichen wollen. Oder der Betreffende kennt jemanden mit diesem Wissen. Da lohnt es sich, seine Fragen parat zu haben. Auch wenn Sie hin und wieder gegen eine Wand laufen oder nicht weiterkommen, hören Sie nicht auf zu fragen. Je mehr Fragen Sie stellen, desto größer ist die Wahrscheinlichkeit, dass Sie genau die Antworten bekommen, die Sie gesucht haben oder die Sie benötigen.

WIE MAN FREMDEN MENSCHEN LÖCHER IN DEN BAUCH FRAGT

Anke und Christian haben sich ein altes Fachwerkhaus gekauft. Ihre Vision war, das Haus zu sanieren, ohne dabei seinen Charakter zu zerstören. Das Dach, die Fenster und Fußböden sollten erneuert werden. Die beiden konnten sich das Endresultat lebhaft vorstellen. Aber bevor sie loslegen konnten, fehlten ihnen Informationen. Die beiden waren viel in der näheren Umgebung unterwegs und dort fiel ihnen ein Fachwerkhaus auf, das ihrem sehr ähnlich sah. Als die beiden das Haus bewunderten, sahen sie einen Mann im Garten arbeiten. Wie sich herausstellte, war das der Hausbesitzer. Anke und Christian kamen mit dem Mann ins Gespräch. Sie erzählten ihm von ihrem eigenen Fachwerkhaus und dass sie beide sein Haus sehr bewunderten. Der Hausbesitzer war hocherfreut, dass jemand seine

Arbeit so sehr zu schätzen wusste. Die frisch gebackenen Fachwerk-
haus-Eigentümer erkannten, dass die Gelegenheit günstig war. Hier
stand jemand, der sich mit der Sanierung richtig gut auskannte, die sie
auch für ihr Haus planten. Genau dazu hatten sie viele Fragen gesam-
melt. Nein, mit diesem Mann wollten sie nicht nur ein wenig plaudern.
Diesem Mann wollten sie Löcher in den Bauch fragen.

Ganz offen sprachen Anke und Christian an, dass sie gern mehr über
die Sanierung wissen wollten. Der Hausbesitzer beantwortete alle ihre
Fragen. Er gab den beiden noch Adressen von guten Handwerkern und
lud sie ein, sein Haus zu besichtigen. Das war für die beiden ein extrem
wertvoller Kontakt. Sie profitierten von den Erfahrungen dieses
Mannes. Und während sie ihr Haus sanierten, war er immer wieder
bereit, ihnen Tipps zu geben. Und manchmal packte er auch mit an.

Ich selbst habe dabei immer wieder gemerkt, dass Menschen anderen
Menschen gerne helfen. Viele Leute, die ich mit meinen Fragen gelö-
chert habe, waren sogar ein wenig stolz darauf, dass sie ihr Wissen an
mich weitergeben konnten. Sie freuten sich darüber, dass ich sie gefragt
habe. Und genau das tue ich umgekehrt auch. Ich gebe mein Wissen
gern weiter und freue mich darüber, dass ich anderen Menschen bei
ihrer Vision helfen kann.

Beim Fragenstellen geht es darum, dass Sie über Ihren Schatten springen und andere Leute von sich aus ansprechen (anrufen oder anmailen).
Sie brauchen dafür Ihr inneres Okay, das es Ihnen erlaubt, auch so zu
sein: neugierig, unbekümmert, mit einer Prise Aufdringlichkeit.

WERTSCHÄTZUNG ZEIGEN

Mit Ihren Fragen wertschätzen Sie das Wissen und die Erfahrung Ihres
Gesprächspartners und schenken ihm Anerkennung.

BITTEN SIE UM ALLES
NÖTIGE

Eine Vision, die Sie begeistert, kann Ihre Persönlichkeit umkrempeln. Ich habe das bei Ulrike erlebt. Ihr fiel es früher immer schwer, auf Menschen zuzugehen, sie anzusprechen und Freundschaften aufzubauen. Mit Tieren kam sie besser zurecht als mit Menschen. Sie liebte vor allem Hunde und sie setzte sich sehr für den Tierschutz ein. Bei einer Bildungsreise durch Osteuropa sah sie in vielen Großstädten verwahrloste Straßenhunde. Diese Tiere wurden, nachdem man sie gefangen hatte, sofort getötet. Die Straßenhunde und ihr trauriges Schicksal ließen Ulrike keine Ruhe – damit begann ihre Verwandlung. Ulrike hatte eine Vision, für die sie sich stark machte. Sie wollte unbedingt etwas für diese verlassenen Hunde tun und ihnen ein Zuhause geben. Damit war sie nicht allein. Es gab bereits Tierschützer, die sich für diese Hunde engagierten, und Ulrike fand eine Gruppe, bei der sie problemlos mitmachen konnte. Dort lernte sie, über ihren Schatten zu springen. Es war ihr immer peinlich gewesen, andere Menschen anzusprechen und um etwas zu bitten. Aber aus Liebe zu diesen Tieren fing Ulrike an, Spenden aufzutreiben.

HAST DU DEN MUT, 100 PROZENT DER LEUTE
UM 100 PROZENT DESSEN ZU BITTEN,
WAS DU MÖCHTEST ... 100 PROZENT DEINER ZEIT?

CHUCK HILLIG (SPIRITUELLER LEHRER UND AUTOR)

STÄRKE IST ...

... sich keine Sorgen darüber zu machen, was andere über Sie denken könnten.

Sie bat die Tierärzte vor Ort um kostenlose Hilfe für die kranken Hunde. Sie sprach Bekannte darauf an, eines der Tiere bei sich aufzunehmen. Ulrike merkte es anfangs gar nicht, aber nach einen Jahr war ihr keine Bitte mehr peinlich oder unangenehm: »Unser ganzes Projekt beruht auf diesen Spenden. Ich mache mir absolut keinen Kopf darüber, was jemand über mich denken könnte, wenn ich ihn um etwas bitte. Ich will nicht gut dastehen, sondern etwas für die Hunde tun.« Durch ihre Vision lernte Ulrike, das zu tun, was ihr früher immer peinlich war. Sie lernte, fremde Menschen anzusprechen und sie um etwas zu bitten. Dabei wurde ihr klar, dass sie auch mit einem »Nein« gut umgehen konnte. Nicht alle Menschen, die sie ansprach, wollten ihr bei ihrem Projekt helfen. Nicht jeder wollte etwas tun oder etwas geben für die Straßenhunde. Aber das war für Ulrike nicht so wichtig. Für sie zählte vor allem, dass sie den Mut gefunden hatte, oft und beharrlich um das zu bitten, was sie wollte. Ja, Ulrike hatte sich weiterentwickelt. Sie hatte ihre alten Hemmungen überwunden und sich für das stark gemacht, was sie wollte und was sie begeisterte.

Nein, wir können nicht erwarten, dass man uns unsere Wünsche von den Augen abliest oder dass unsere Mitmenschen immer erraten, was wir brauchen. Es ist unser Job, das klar zu kommunizieren. Solange wir um nichts bitten, wissen andere Menschen nicht, was sie für uns tun können. In dem Moment, in dem wir sagen »Bitte, kannst du für mich ...«, oder »Ich möchte Sie bitten ...« ist klar, was wir wollen. Dabei haben unsere Mitmenschen die Wahl, ob sie zu unserer Bitte »Ja« oder »Nein« sagen wollen. Das ist deren Sache. Unsere Sache ist es, unsere Interessen durch eine Bitte klar auszudrücken.

STRATEGIE
DAS SCHNÖRKELLOSE BITTEN

- Ihre Bitten werden leichter erfüllt, wenn Sie sie ohne emotionale Belastungen servieren. Das heißt im Klartext: Verzichten Sie darauf, Psychospielchen zu spielen. Sie müssen nicht wehklagen und jammern, damit das Gegenüber sich Ihrer erbarmt. Sie müssen auch keine Erpressung starten, damit Ihr Gegenüber sich genötigt fühlt, Ihre Bitte zu erfüllen.

- Wenn Sie Ihr Gegenüber motivieren wollen, dann erklären Sie ihm oder ihr, was hinter Ihrer Bitte steckt. Viele Menschen sind eher bereit, eine Bitte zu erfüllen, wenn sie den Grund dafür kennen. Natürlich erfüllen andere Menschen auch viel lieber Ihre Bitten, wenn Sie diese höflich und freundlich formulieren. Etwa so:

- *»Könnten Sie mir bitte noch heute das Anmeldeformular mailen? Ich bin nächste Woche schon im Urlaub und würde mich gern vorher noch für einen Computerkurs anmelden.«*

- *»Kannst du mir bitte helfen, den Keller aufzuräumen? Ich möchte mir da eine kleine Werkstatt einrichten. Ich will mit meinen Sachen nicht ständig unseren Küchentisch besetzen.«*

- *»Ich hätte da noch eine wichtige Bitte: Können Sie mir die letzten drei Newsletter mailen? Ich möchte mich beruflich selbstständig machen und dazu gab es mehrere Artikel, die mich interessieren.«*

- *»Ich möchte heute Abend weggehen, um etwas für meine Fitness zu tun. Meine Bitte an euch: Räumt nach dem Abendessen bitte den Tisch ab und packt das schmutzige Geschirr in den Geschirrspüler.«*

- Nach Ihrer Bitte kann es erst einmal sein, dass Ihr Gegenüber darüber verwundert ist oder noch Fragen hat oder auch erst einmal reflexartig »Nein« sagt. Bleiben Sie trotzdem aufmerksam, zugewandt und gesprächsbereit. Die beste Haltung lautet: Ich erkläre meine Bitte gern ausführlicher. Vergessen

Sie nicht, dass Ihr Gesprächspartner auch mitreden will, sich äußern darf und dabei seine Einwände vorbringen kann. Viele Menschen sagen erst »Ja«, nachdem sie ihrer Meinung dazu Ausdruck verliehen haben.

- Hören Sie konzentriert zu und gehen Sie immer auf das ein, was Ihr Gegenüber sagt. Auf die Frage »Muss das denn sein?« antworten Sie besser nicht mit »Ja« oder »Nein«. Stattdessen erklären Sie geduldig und ruhig, was Sie erreichen wollen und worauf das Ganze langfristig hinausläuft. Dabei müssen Sie auch nicht um Verständnis betteln. Sie machen nur deutlich, wofür Sie erglühen und brennen und was Sie motiviert.

Ich möchte Sie ermuntern, viel öfter als bisher um das zu bitten, was Sie wollen. Es kann sein, dass nicht jede Ihrer Bitten erfüllt wird. Aber die Wahrscheinlichkeit steigt. Mit jeder Bitte zeigen Sie deutlich, was Sie brauchen und sich wünschen. Denn nur dadurch wissen Ihre Mitmenschen, wie sie Ihnen entgegenkommen können.

Nur weil Sie um etwas bitten, muss der andere jetzt nicht alles tun, was Sie wollen. Ein »Nein« ist eine ebenso wertvolle Antwort wie ein »Ja«. Zu wissen, was jemand *nicht* für Sie tun kann oder will, bringt Sie auch weiter. Deshalb mein Tipp: Haben Sie keine Angst davor, ein »Nein« zu kassieren. Das ist eben auch eine mögliche Antwort darauf. Auch wenn Sie jemand um etwas bittet, müssen Sie das nicht tun. Sie können auch »Nein« sagen. Nehmen Sie es auf gar keinen Fall persönlich. Es wurde nur Ihre Bitte abgelehnt, nicht Sie.

Es gibt noch eine andere Möglichkeit, mit einem »Nein« umzugehen. Manchmal lohnt es sich, nicht gleich aufgeben, sondern beharrlich zu sein. Vielleicht wird Ihre Bitte doch erfüllt, wenn Sie am Ball bleiben und hartnäckig nachfragen. Einfach ganz ruhig die Bitte wiederholen – vielleicht etwas anders formuliert. Sie haben immer noch die Möglichkeit, die zwei B zu nutzen: **b**eharrlich **b**leiben.

FÜNF LEBENS-KÜNSTE FÜR DEN **STARKEN AUFTRITT**

DIE KUNST, KEINE ANGST ZU HABEN

Stehen Sie dazu, dass Sie erst noch lernen, wie der Hase läuft – ganz selbstsicher, ohne sich zu entschuldigen.

DIE KUNST, HEMMUNGSLOS ZU FRAGEN

Stellen Sie ohne Scheu alle Ihre Fragen: die schlauen, die dummen und die abwegigen.

DIE KUNST DES SICH-HERANPIRSCHENS

Robben Sie sich vorwärts, machen Sie ein paar Umwege, legen Sie sich auf die Lauer und nehmen Sie immer wieder die Witterung auf.

DIE KUNST, NEUGIERIG ZU SEIN

Gehen Sie auf Erkundungstour, stecken Sie Ihre Nase rein, fassen Sie es an, drehen Sie es um und probieren Sie es aus.

DIE KUNST, UM DAS ZU BITTEN, WAS UNS WEITERBRINGT

Wer nicht bittet, kriegt auch nichts. Also: Raus mit der Sprache.

WIE GEHEN SIE MIT
ABLEHNUNG UM?

Nicht jeder Ihrer Mitmenschen wird das toll finden, was Ihnen wichtig ist, und Ihnen dazu gratulieren. Es kann gut sein, dass Sie für Ihre Vision **nur skeptische Blicke oder ein Kopfschütteln** ernten. Vielleicht kriegen Sie sogar **ein spontanes »Du spinnst ja!«** zu hören. Das ist wahrscheinlich nicht die Reaktion, die Sie sich gewünscht haben. Was tun Sie also, wenn jemand das ablehnt, was Ihnen wichtig ist? Wie reagieren Sie, wenn Sie Gegenwind bekommen?

FRISCH VERLIEBT UND SEHR EMPFINDLICH

Jedes Mal, wenn ich eine neue Vision ausbrüte, bin ich anfangs sehr empfindlich. Ich bin von dem, was ich Neues verwirklichen will, begeistert und gerade in den ersten Wochen fühlt es sich so an, als wäre ich frisch verliebt. Aber gerade dann bin ich innerlich auch sehr unsicher. Ich finde meine Vision großartig, aber ich habe noch keinen Beweis dafür, dass es auch klappen wird oder dass ich das verwirlichen kann, was ich richtig und wichtig finde. Genau in dieser empfindlichen Phase vertrage ich keinerlei Kritik an meiner Vision. Genauer

PRO UND KONTRA GEHÖREN ZUSAMMEN

Wenn Sie ein Pro-Argument haben – also wissen, was Sie wollen –, wird Ihnen mit Sicherheit auch ein Kontra begegnen.

gesagt: Jede Gegenmeinung eines anderen, jede abschätzige Bemerkung, jedes Kopfschütteln trifft mich tief – bis ins Mark.

Es reicht bereits, wenn ich von meiner Vision erzähle und mein Gesprächspartner nicht ganz so begeistert ist wie ich – schon stürze ich in ein dunkles Loch. Ich fange an zu zweifeln. Ich mache mir Gedanken, ob das alles richtig ist, was ich da in die Welt setzen will. Ob ich damit nicht lieber warten sollte. Ob ich das überhaupt schaffen kann. Ob das Ganze nicht doch ein Hirngespinst ist, das mich nur viel Zeit und Geld kostet und am Ende nichts bringt … und so weiter. Manchmal bin ich auch einfach nur sauer auf meinen Gesprächspartner, weil der mich nicht unterstützt und meine Vision nicht so toll findet wie ich.

KEIN WORT SAGEN – BIS DIE TATSACHEN FÜR SICH SPRECHEN

Da mir meine übergroße Empfindlichkeit in dieser ersten Phase, kurz nachdem ich meine Vision entdeckt habe, mittlerweile mehr als bewusst ist, habe ich mir Folgendes angewöhnt: Über ganz frisch geschlüpfte Ideen rede ich einfach nicht. Obwohl ich so sehr von meinem neuen Thema begeistert bin und obwohl ich sie von Herzen liebe – kein Wort kommt über meine Lippen. Anfangs erzähle ich niemandem von dem, was ich gerade ausgebrütet habe und in die Welt setzen will. Ich möchte auf gar keinen Fall irgendeine Reaktion kassieren, die mich zutiefst erschüttern könnte. Ich will nicht einen Einwand hören, der mich an meiner Vision zweifeln lässt, kein Wort: So schütze ich meine Idee und zugleich meine Empfindsamkeit.

Das ändert sich, nachdem ich die ersten Schritte gemacht habe und die Vision langsam Gestalt annimmt. Das allerkleinste Bisschen, das ich verwirklicht habe, zeigt mir: Es klappt! Jetzt können mich weder Kritik noch Kopfschütteln aus der Ruhe bringen. Denn nun habe ich die Macht des Faktischen auf meiner Seite. Und die Gegenmeinung anderer Leute besteht einfach nur aus Worten. Was sind denn Worte überhaupt? Eigentlich nur Geräusche und die kann ich mir gelassen anhören. Ich habe das, was wirklich zählt: Tatsachen.

DREI GRÜNDE, WARUM ANDERE MENSCHEN IHRE VISION ABLEHNEN

Lassen Sie uns einen Moment über Ablehnung nachdenken. Warum könnte jemand gegen das sein, was Sie verwirklichen wollen? Die Gründe für so eine Ablehnung lassen sich grob in drei Gruppen aufteilen: gegensätzliche Interessen, Neid und anderer Geschmack.

GEGENSÄTZLICHE INTERESSEN

Vielleicht haben einige Ihrer Mitmenschen bisher davon profitiert, dass Sie in Ihrer alten Komfortzone gut funktioniert haben. Diese Leute werden nicht begeistert sein, wenn Sie sich die Freiheit herausnehmen, etwas Neues zu wagen. Möglicherweise fürchten die Betreffenden, von Ihnen weniger zu bekommen als bisher: weniger Zeit, weniger Geld, weniger Unterstützung, weniger Verwöhnung, weniger Fürsorge. Für diese Menschen sollten Sie lieber unverändert in Ihrer alten Rolle bleiben und dort weiterhin gut funktionieren. Deshalb bekommen Sie von ihnen nur ein »Daumen runter«.

DER FAKTOR NEID

Andere könnten Ihre Vision ablehnen, weil sie selbst in ihrer kleinen Welt gefangen sind. Menschen, die lange Zeit nur funktionieren und ständig das tun, was man von ihnen erwartet, kennen ihre wirkliche

Stärke nicht. Ihnen fehlt der Kontakt zu ihrer Einmaligkeit und zu dem Potenzial, das in ihnen schlummert. Sie sitzen sozusagen auf dem Trockenen. Während Sie im Fluss des Lebens schwimmen und Ihre Träume verwirklichen, können diese Menschen nur vom Rand aus zuschauen. Manche werden deshalb neidisch und dieser Neid kann sich durchaus auch in Ablehnung verwandeln.

EIN ANDERER GESCHMACK

Natürlich gibt es auch die Ablehnung, die einfach Geschmackssache ist. Das, was Ihnen wichtig ist, wofür Sie erglühen, kann für einen anderen Menschen bloße Zeitverschwendung sein. So sind beispielsweise der Kauf und das Rauchen von kostbaren Zigarren aus Kuba für einige Menschen ein großartiges Projekt, das ihnen wichtig ist und das sie begeistert. Für andere ist das eine gesundheitsschädliche Stinkerei. Manche Menschen drücken ihre Kreativität aus, indem sie Klobrillen mit Glitzersteinen verzieren. Für andere ist das zu viel Bling-Bling im stillen Örtchen. Sie werden keine Vision finden, die alle Menschen auf diesem Planeten einhellig für gut und richtig halten. Egal, was Ihnen wichtig ist und was Sie verwirklichen wollen, es wird immer jemanden geben, der das negativ beurteilt.

MEINT DER MICH? DER UMGANG MIT ABLEHNUNG UND KRITIK

Ich möchte Ihnen an dieser Stelle zeigen, wie Sie mit der Ablehnung anderer Menschen sehr gelassen umgehen können. Denn dass Sie gelassen bleiben, ist wichtig. Sie können es sich schlicht nicht leisten, bei jeder kritischen Bemerkung gleich aus der Haut zu fahren oder sich stundenlang Gedanken darüber zu machen. Sie brauchen Ihre Energie für das, was Ihnen wichtig ist. Für das, was Sie verwirklichen wollen. Deshalb ist es wichtig, dass Sie, ohne dramatisch zu werden, auf die Ablehnung antworten. Einfach nur energiesparend reagieren.

Stellen Sie sich folgende Situation vor. Sie erzählen begeistert einer Freundin oder einem Verwandten, was Sie verwirklichen wollen. Leider reagiert Ihr Gesprächspartner verächtlich. Sie bekommen zu hören: »Was soll denn der Quatsch?« und »Du hast sie doch nicht alle.« Was sagen Sie jetzt? Wie reagieren Sie darauf?

Der Gegenangriff – für viele von uns wäre das die erste Reaktion auf solche Bemerkungen. Wir fangen an, uns mit dem anderen zu streiten. So eine aufgebrachte Gegenreaktion zeigt, dass der Gesprächspartner einen Treffer gelandet hat. Wenn Sie versuchen, diesen Treffer zurückzugeben, gerät das Ganze aus den Fugen. Was als kleine Meinungsverschiedenheit anfing, kann sich schnell in einen schmerzhaften Schlagabtausch verwandeln – ohne Verständnis, ohne Wohlwollen. Das bringt auf beiden Seiten nur Verletzungen und Missverständnisse. Außerdem ist es pure Energieverschwendung.

Ebenso schwächend wäre es für Sie, wenn Sie beleidigt sind, einschnappen und sich wortlos zurückziehen. Sie zeigen damit, dass Sie an der Stelle nicht selbstsicher sind und nicht zu dem stehen können, was Sie für sich erreichen wollen. Aber vor allem merkt Ihr Gegenüber, dass es Sie mit ein paar provozierenden Worten schnell mundtot machen kann. Aber wie können Sie nun gelassen mit einer ablehnenden unsachlichen Bemerkung umgehen? Wie sieht eine starke und selbstsichere Reaktion aus? Wie Sie reagieren, hängt vor allem davon ab, wie wichtig Ihnen der Gesprächspartner ist und was Sie in dem Gespräch erreichen wollen.

NUR WORTE

Egal, was jemand zu Ihnen sagt – vergessen Sie nie, dass es einfach nur Worte sind. Was sind Worte eigentlich? Worte sind nur Geräusche, die von Ihrem Gehirn interpretiert werden.

AUF ABLEHNUNG GELASSEN ANTWORTEN

Lassen Sie die ablehnenden Worte ins Leere laufen.

Wenn das Ganze nur ein Small Talk war mit jemandem, der in Ihrem Leben nur am Rande vorkommt, können Sie minimalistisch reagieren. Statt schnell zu antworten, atmen Sie erst einmal tief ein und aus. Gehen Sie sofort in Ihre Selbstsicher-Auftreten-Haltung. Damit zeigen Sie sich stark und entschlossen. Versuchen Sie nicht, Ihr Ego zu retten. Keine Rechtfertigungen, kein Gegenangriff. Stellen Sie einfach nur fest:

»Schade, das gefällt dir nicht.«

»Das hört sich so an, als wärst du dagegen.«

»Deine Abwehr überrascht mich.«

Nach Ihrem kurzen Feststellungssatz sagen Sie nichts mehr. Wenn Ihr Gegenüber jetzt weiterredet, hören Sie genau zu. Wird der Betreffende jetzt sachlicher? Sagt er Ihnen, warum er Ihre Pläne ablehnt? Wenn ja, dann können Sie mit ihm ruhig und sachlich weiterreden. Wenn es aber weiterhin nur bissige Kommentare von der anderen Seite gibt, dann können Sie das Thema wechseln oder das Gespräch beenden.

Hinterfragen Sie die Ablehnung.

Wenn Ihnen Ihr Gesprächspartner wichtig ist, können Sie ihm auf die Sprünge helfen. Geben Sie ihm die Chance, doch noch sachlich und konstruktiv zu werden. Durch eine gute Frage können Sie ihn in eine andere Denkspur locken: raus aus der Bissigkeitsspur und rein in die Klärungsspur. Fragen Sie Ihren Gesprächspartner, was ihn dazu bringt, so ablehnend zu reagieren:

»Weshalb gefällt dir das nicht?«, »Wieso hältst du das für Blödsinn?«

»Du reagierst ziemlich heftig auf meine Pläne. Ich möchte verstehen, weshalb du so reagierst.«

Fortsetzung auf Seite 146

DIE STÄRKE, MIT DER SIE SICH SOUVERÄN ZEIGEN

Suchen Sie nach dem versteckten Goldnugget.

Manche Menschen haben Ihnen durchaus etwas Wichtiges zu sagen, finden
aber nicht die richtigen Worte dafür. Ihre Intelligenz und ihre Sprachgewandt-
heit werden durch ihr aufgedrehtes O-Nein-Zentrum im Gehirn blockiert.
Deshalb kommen aus ihrem Mund zuerst nur unüberlegte »Buh!-Sätze«.
Vielleicht verbirgt sich hinter den ablehnenden Worten Ihres Gesprächspartners
ein Goldnugget für Sie.

Fragen Sie Ihren Gesprächspartner, ob er einen Ratschlag für Sie hat oder einen
Tipp, der Sie vor einem Fehler bewahrt. Durch kluge Fragen finden Sie Ihren
Goldnugget am schnellsten:

»Was würdest du an meiner Stelle tun?«

»Was würdest du mir raten?«

»Was sollte ich deiner Meinung nach tun oder lieber nicht tun?«

Hören Sie zu und nehmen Sie sich Bedenkzeit.

Sie können sich alles anhören, ohne das Ganze diskutieren zu müssen.
Vielleicht brauchen Sie ein wenig Bedenkzeit, um zu überlegen, was Sie davon
halten, was Sie annehmen und was Sie davon loslassen wollen. Sie können
Ihrem Gegenüber sagen: »Gut, dass du mir das gesagt hast. Darüber werde ich
in Ruhe nachdenken.«

Lassen Sie Ihre Vision leuchten.

Statt sich zu rechtfertigen für das, was Sie tun, können Sie Ihrem Gesprächs-
partner auch zeigen, warum Sie von Ihrer Vision so sehr fasziniert sind. Nehmen
Sie Ihr Gegenüber mit in Ihre Vorstellungswelt hinein. Lassen Sie Ihre Vision vor
den Augen Ihres Gesprächspartners lebendig werden. Malen Sie mit Ihren
Worten das Resultat aus, das Sie sich so sehr herbeiwünschen. Zeigen Sie
Ihrem Gegenüber, wie sehr Sie für Ihre Idee brennen und erglühen. Sie besitzen
eine maximale Überzeugungskraft, wenn Sie Ihren Gesprächspartner mit Ihrer
Begeisterung anstecken können.

WIE SIE MISSVERSTÄNDNISSE
AUSRÄUMEN

Oft wird es Sie überraschen, wer in Ihrem Umfeld ablehnend und wer positiv reagiert. Vielleicht erwarten Sie von Ihren Liebsten, Ihrem Partner, Ihren Kindern oder Ihren Eltern, die meiste Unterstützung. Wer Sie liebt, sollte doch auf Ihrer Seite sein – oder? Nicht unbedingt. Ein Beispiel: Lars hatte eine Vision, die ihn zwar begeisterte, aber die seine Freundin nicht mochte. Er wollte ein richtig erfolgreicher Pro-Gamer werden. Ein Pro-Gamer ist ein professioneller Spieler von Online-Computerspielen. Einige Online-Computerspiele werden in Form von Wettkämpfen und Meisterschaften ausgetragen – mit Preisgeldern. Lars hatte sich bereits bis an die Spitze gekämpft. Er trainierte jeden Tag sechs Stunden am Computer. Zusätzlich betrieb er ganz normalen Sport, um auch körperlich fit zu sein. Seine Freundin war dagegen, dass Lars seine Vision noch weiter verwirklichte. Doch, sie mochte Computerspiele. Sie spielte hin und wieder selbst ganz gern, aber dann war bei ihr Schluss. Das Ganze professionell zu betreiben – das ging ihr zu weit. Die beiden hatten deswegen lautstarke Streitereien, die zu nichts führten außer zu heftigem Türenknallen. Weiterhin streiten – das wollte keiner von beiden.

LEGEN SIE DIE RÜSTUNG AB

Gehen Sie vor dem gemeinsamen Klärungsgespräch in eine offene, sanftmütige Haltung. Sie wollen schließlich keinen Kampf gewinnen, sondern nur eine Aussprache ermöglichen.

Falls Sie in einer ähnlichen Situation stecken, gibt es Wege, wie Sie damit umgehen können. Ihnen ist das, was Sie vorhaben, wichtig. Gleichzeitig sind Menschen, die Sie mögen oder lieben, davon betroffen, die aber das Ganze nicht so positiv aufnehmen, wie Sie sich das wünschen. Was Sie jetzt brauchen, ist eine Strategie, die Ihnen hilft, die Sache zu klären. Es ist gar nicht so schwer, ein solches Klärungsgespräch zu führen, ohne allzu viel Porzellan zu zerschlagen. Es beginnt immer damit, dass Sie sich klarmachen, was Sie von so einem Klärungsgespräch erwarten.

MACHEN SIE SICH IHRE ERWARTUNGEN BEWUSST

Wenn Sie zu hohe Erwartungen haben und diese nicht erfüllt werden, erleben Sie anschließend eine tiefe Enttäuschung. Das kann bei Ihnen zu Aggressionen führen, die dann wiederum das Gesprächsklima vergiften können. Dieses Gefühl der Enttäuschung plus anschließender Aggression können Sie sich ganz einfach sparen, indem Sie von vornherein Ihre Erwartungen herunterschrauben:

→ Sie erwarten zu viel, wenn Sie von Ihrem Gesprächspartner verlangen, dass er Sie verstehen muss.

→ Sie erwarten zu viel, wenn Sie darauf hoffen, dass der andere Ihnen ehrlich sagt, weshalb er Ihre Ideen ablehnt.

→ Sie erwarten zu viel, wenn Sie davon ausgehen, dass Sie alles in nur einem einzigen Gespräch klären können.

→ Sie erwarten zu viel, wenn Sie verlangen, dass der andere immer sachlich und ruhig mit Ihnen redet.

→ Sie erwarten zu viel, wenn Sie glauben, sich zu lieben bedeutet automatisch, alles beim anderen zu tolerieren.

→ Sie erwarten zu viel, wenn Sie davon ausgehen, dass das gemeinsame Darüberreden zu einem Happy End führen muss.
Realistischer ist es, mit heruntergeschraubter Erwartung nur auf

Klarheit und Wahrheit zu setzen. Beide Seiten können sagen, was ihnen Kummer bereitet. Jeder kann seine Wahrheit, seine Vorstellungen, seine Ängste und seine Interessen klar auf den Tisch legen. Jeder hört dem anderen zu. Niemand muss dabei gewinnen, niemand muss recht haben. Am Ende kann die Einigkeit darin bestehen, dass man sich nicht einig ist. Und dann? Das ist der Auftakt für eine weitere Gesprächs-runde, in der beide Seiten ausloten, wie sie trotz der Uneinigkeit weiterhin miteinander auskommen können.

EHRLICH MITEINANDER REDEN – UND IHRE BEZIEHUNG PROFITIERT

Lars konnte seine Freundin zwar nicht überzeugen, aber er schaffte es, dass sie mit ihm offen und fair über alles redete. Und es gelang ihm, ihr zuzuhören, ohne sie zu unterbrechen. Was seine Freundin ihm sagte, war hart für ihn. Sie glaubte nicht, dass er je als Pro-Gamer viel Geld verdienen würde, und sie hatte keine Lust, ihn ständig finanziell zu unterstützen. Sie wollte mit jemandem zusammen sein, der eine erwachsene berufliche Zukunft hatte und nicht, wie sie sich ausdrückte, »in der Kindheit stecken geblieben war«. Jetzt lagen die unterschied-lichen Interessen klar auf dem Tisch.

DIESE FRAGEN BRINGEN SIE WEITER

1. Wie kann das, was ich erreichen will, uns beide begeistern und bereichern? Wie können wir beide gemeinsam von meiner Vision profitieren?

2. Wie können wir – trotz aller Unterschiede und Meinungsverschiedenheiten – weiterhin miteinander auskommen?

STRATEGIE
KONFLIKTE KLÄREN

Bitten Sie um ein Gespräch.

Machen Sie den Anfang und bitten Sie Ihr Gegenüber um ein Gespräch. Und lassen Sie von Anfang an die Messer stecken. Stechen Sie den anderen nicht, indem Sie von oben herab reden (»Du musst mir mal erklären, was du für ein Problem hast.«) und machen Sie auch keinen Druck (»Wenn wir nicht darüber reden, bin ich weg.«).

Laden Sie den anderen wirklich ein, indem Sie ganz offen sagen, was bei Ihnen los ist und was Sie wollen, zum Beispiel so: »Ich finde es schade, dass da diese Spannungen zwischen uns sind. Du bist mir wirklich wichtig und ich möchte das zwischen uns klären. Was hältst du davon, wenn wir mal in Ruhe darüber reden?« Wählen Sie die Worte, die zu Ihnen und zu Ihrem Gegenüber passen.

Achten Sie darauf, dass Sie ungestört miteinander reden können.

Stellen Sie Fragen, um zu verstehen, was bei Ihrem Gesprächspartner los ist.

Die Ablehnung, die wir von unserem Gegenüber zu hören bekommen, ist oft nur die Spitze des Eisbergs. Der größte Teil dieses Eisbergs liegt verborgen, unter Wasser. Genau nach diesem tief liegenden Verborgenen fragen Sie jetzt. Lassen Sie Ihrem Gegenüber dabei viel Zeit, um möglichst ausführlich auf Ihre Fragen zu antworten.

»Ich habe verstanden, dass dir meine Pläne nicht gefallen. Woran liegt das deiner Meinung nach?«

»Gibt es da etwas, das dir Sorgen macht?«

»Was sollte deiner Meinung nach auf keinen Fall passieren?«

»Ich würde gerne hören, wie deine Vorstellungen bezüglich des Themas aussehen. Was ist dir wichtig?«

Bleiben Sie offen und hören Sie gut zu.

Niemand redet gern, wenn er befürchten muss, für jedes Wort an den Pranger gestellt zu werden. Auch wenn es Ihnen schwerfällt: Sticheln Sie nicht und hacken Sie nicht auf dem anderen herum. Je offener und neutraler Sie bleiben und je weniger Messerstiche Sie verteilen, desto mehr kann Ihr Gegenüber sich öffnen und das herauslassen, was ihm am Herzen liegt. Gehen Sie innerlich in die Haltung: Alles darf herauskommen und ist in Ordnung. Über das, was offen auf dem Tisch liegt, kann man miteinander reden.

Räumen Sie Missverständnisse aus.

Während Sie miteinander reden, merken Sie, welche Vorstellungen Ihr Gegenüber von Ihrer Vision hat. Und Sie merken auch, ob es irgendwo ein Missverständnis gibt. Vielleicht hat Ihr Gesprächspartner sich irgendetwas zusammengereimt oder falsch verstanden, das ihn jetzt beunruhigt oder verärgert. Das können Sie gleich klären – ohne den anderen anzugreifen oder ihm Vorwürfe zu machen.

Sprechen Sie das entstandene Missverständnis kurz an und fügen Sie anschließend Ihre Klarstellung hinzu. Etwa so:

»So wie ich dich verstanden habe, glaubst du, ich will ... Aber mir geht es um ...«

»Ich will nicht ... Stattdessen plane ich ...«

»Für dich sieht es so aus, als würde ich ... Aber ich bin im Moment dabei ...«

Bleiben Sie beim Thema und versuchen Sie, immer mit gutem Beispiel voranzugehen.

Lassen Sie nicht zu, dass das Gespräch ausufert und darin viel zu viele Nebensächlichkeiten breitgetreten werden. Bleiben Sie beim Knackpunkt. Dieser Krisenauslöser ist das zentrale Thema, an dem die Geister sich momentan scheiden. Das ist die eine Angelegenheit, bei der die Interessen auseinandergehen. Und genau diesen Knackpunkt behalten Sie im Auge. Kommen Sie immer wieder auf ihn zurück. Auch wenn Ihr Gegenüber vom Thema abkommen

Fortsetzung auf Seite 152

Fortsetzung von Seite 151

sollte und vielleicht eine alte Rechnung mit Ihnen begleichen will, auch wenn die Stimmen einmal lauter werden und die Emotionen heftiger ausschlagen – Sie lassen die Messer stecken. Es gibt keine verbale Stecherei. Es geht nicht darum, am Ende als Gewinner dazustehen. Es geht um Klarheit und Wahrheit und nichts anderes.

Treffen Sie eine Vereinbarung.

Im besten Fall läuft es auf eine Vereinbarung hinaus. Sie verabreden, wie es weitergeht. Ganz praktisch: Wie geht man mit dem gemeinsamen Geld, mit dem gemeinsamen Wohnraum, der gemeinsamen Zeit um? Was darf sich jeder herausnehmen und wo sind die Grenzen? Was tun oder lassen Sie in den nächsten Tagen oder Wochen? Was tut oder lässt Ihr Gegenüber in den nächsten Tagen oder Wochen? So eine praktische Vereinbarung sorgt dafür, dass aus dem Streit etwas Konstruktives hervorgeht. Man arrangiert sich miteinander auf einem neuen Niveau.

Das ist eine der Nebenwirkungen vom Klartextreden: Man merkt, was beim anderen tatsächlich los ist. Und das kann manchmal sehr unangenehm sein. Auch das ist Stärke: Unangenehmes aushalten können.

Lars musste das erst einmal verdauen. Aber ihm war klar geworden, dass es noch ein paar Punkte gab, über die sie miteinander reden mussten. Geld war einer davon – und auch die Frage, ob seine Vision für ihn ein echter Beruf sein konnte. Nein, es gab noch kein Happy End zwischen den beiden. Aber sie schafften es, ehrlich miteinander zu reden. Das kam ihrer Beziehung zugute.

Es muss am Ende keinen Abschluss geben von der Sorte: Alle sind glücklich und zufrieden. Es reicht, wenn das, was bisher unter dem Tisch gebrodelt hat, jetzt offen daliegt. Und dabei kann es durchaus weiterhin Differenzen geben oder unterschiedliche Interessen. Wenn diese deutlich geworden sind, wissen Sie, was los ist. Das ist die Klarheit, die Sie brauchen, um in der Sache weiterzukommen. Überlegen Sie gemeinsam, wie Sie damit umgehen wollen.

GLEICH + GLEICH = INSPIRATION

Gehen Sie los und suchen Sie sich die Menschen, die auf Ihrer Wellenlänge sind. Da draußen gibt es viele, die sich auch für das starkmachen, was Ihnen wichtig ist. Strecken Sie Ihre Fühler aus und nehmen Sie Kontakt auf.

Menschen, die eine Vision haben, fühlen sich von solchen angezogen, die ebenfalls für sich das Passende verwirklichen. Wenn sich mehrere Visionäre oder Kreative zufällig irgendwo treffen, entsteht oft etwas Magisches. Es gibt viel zu erzählen. Die Gespräche sind lebendig und bedeutsam. Da werden eifrig Telefonnummern, E-Mail-Adressen und Visitenkarten ausgetauscht. Netzwerke und Freundschaften entstehen und jeder, der dabei ist, fühlt sich bestärkt und ermutigt. Gleichgesinnte ziehen sich gegenseitig an. Davon können Sie profitieren, indem Sie mitmachen. Oder de Anfang machen.

Verstecken Sie sich nicht. Kommen Sie heraus und teilen Sie Ihre Erfahrungen mit uns. Reden Sie darüber. Tauschen Sie sich in Internetforen aus. Nutzen Sie die sozialen Medien wie Facebook und Twitter. Gehen Sie auf Kongresse und Messen. Schreiben Sie darüber in Ihrem Blog oder in Ihrem Buch. Sie werden merken, es gibt überall Menschen, die sich für das starkmachen, was Ihnen am Herzen liegt. Bei diesen Leuten sind Sie in bester Gesellschaft.

Sie sind für andere Menschen eine wertvolle Inspiration. Auch wenn das, was Sie gerade verwirklichen, in Ihren Augen nur eine Kleinigkeit ist – es zählt. Das, was Sie tun, ist wichtig. Nicht nur für Sie allein, sondern für uns alle. Sie sind wie eine lebendige Botschaft, die uns zuruft: *Traut euch nur. Das könnt ihr auch.*

QUINTESSENZ
IHR AUFTRITT!

Ihre souveräne Körpersprache

→ Nehmen Sie immer – wirklich immer – eine aufrechte Körperhaltung ein – ohne einzuknicken und ohne zu versteifen.

→ Schreiten Sie ruhig und gelassen einher – ohne Hektik.

→ Behalten Sie Ihre aufrechte, gerade Haltung im Sitzen – ohne die Arme und Beine zu verknoten.

→ Agieren Sie mit klaren Gesten – ohne nervöses Herumfummeln.

→ Halten Sie den Blickkontakt zu Ihrem Gesprächspartner – ohne ihn anzustarren.

Bestimmt sprechen

→ Überlegen Sie sich gründlich und in aller Ruhe vorher, wie sich das eigene Anliegen am besten in Worte fassen lässt.

→ Probieren Sie sorgfältig vorbereitete Sätze vorher aus und sprechen Sie sie zur Probe. Am besten üben Sie vor dem Spiegel.

→ Formulieren Sie einen Begrüßungssatz. Drücken Sie Dankbarkeit aus und schaffen Sie so ein positives Klima.

→ Drücken Sie das eigene Anliegen oder die eigene Vision durch maximal drei Punkte aus.

→ Eröffnen Sie den Dialog und kommen Sie ins Gespräch.

→ Gehen Sie gelassen mit Ablehnung um – fragen Sie eventuell nach, um Goldnuggets zu finden.

→ Äußern Sie eine Bitte oder stellen Sie eine Frage – ohne sich selbst klein zu machen.

→ Egal, wie das Gespräch endet – zeigen Sie Dankbarkeit und drücken Sie Ihre Wertschätzung aus.

BLEIBEN SIE STARK!

Während ich an diesem Buch arbeitete, kam mir öfter der Gedanke: »Oh, es wäre wunderbar, wenn ich immer all das hinbekommen würde, was ich da gerade schreibe.«

Ja, ich bin weit davon entfernt, perfekt zu sein. Und bei diesem Buch hatte ich das Gefühl, ich schreibe es vor allem, um mich selbst an meine Stärke zu erinnern. Um mich daran zu erinnern, dass ich den Dreisatz der Gestaltung noch viel mehr nutzen kann, als ich es bisher tue. Um mich daran zu erinnern, dass ich mein ängstliches O-Nein-Zentrum beruhigen kann und dass ich auch im Angesicht von Angst, Zweifeln und kleinen gemeinen Schweinehunden immer noch stark sein kann. Um mich daran zu erinnern, dass die Stärke alles liebevoll umarmen kann – auch das, was wir Schwäche nennen.

Ich will mich auch daran erinnern, dass ich im Gespräch mit anderen Menschen souverän und selbstsicher auftreten kann, selbst dann, wenn ich mich befangen und unsicher fühle. Ich kann mit erhobenem Haupt zu dem stehen, was ich gerade empfinde, und auch zu dem, was mir wirklich wichtig ist.

Ich möchte mich daran erinnern, dass meine Stärke nicht von anderen Menschen abhängig ist. Niemand kann sie mir geben. Niemand kann sie mir nehmen.

Ja, unsere innere Stärke ist einfach da – Ihre genauso wie meine. Sie wartet darauf, dass wir sie erkennen, sie trainieren und uns an ihr erfreuen. Jetzt ist ein guter Moment, um damit anzufangen.

Bei allem, was Sie vorhaben und anpacken, wünsche ich Ihnen von ganzem Herzen viel Erfolg und viel Spaß!

Lassen Sie es sich gut gehen!

Ihre Barbara Berckhan

BÜCHER UND ADRESSEN
DIE IHNEN WEITERHELFEN

BÜCHER AUS DEM GRÄFE UND UNZER VERLAG:

Barbara Berckhan: *Wie Sie anderen den Stachel ziehen, ohne sich zu stechen. Mit schwierigen Menschen gut auskommen.* 2012

Matthias Hammer: *Der Feind in meinem Kopf. Stopp den inneren Kritiker.* 2015

Ulrich Hoffmann, *Mini-Meditationen.* 2014

Maren Schneider: *Crashkurs Meditation (mit Audio-CD).* 2012

Lucia Scholz: *Nutze die Kraft deiner Gefühle (mit Audio-CD).* 2014

BÜCHER AUS ANDEREN VERLAGEN:

Barbara Berckhan: *Das dicke Fell. Wie Sie sich vor Frustfallen und Nervensägen schützen.* 2014 Kösel Verlag

Barbara Berckhan: *Leicht und locker kommunizieren. So finden Sie eine gemeinsame Wellenlänge.* 2011 Kösel Verlag

Barbara Berckhan: *Jetzt reicht's mir. Kritik austeilen und einstecken können.* 2009 Kösel Verlag

Barbara Berckhan: *Judo mit Worten. Wie Sie gelassen Kontra geben.* 2008 Kösel Verlag

Barbara Berckhan: *Sanfte Selbstbehauptung. Die 5 besten Strategien, sich souverän durchzusetzen.* 2007 Goldmann Verlag

Pema Chödrön: *Beginne, wo du bist. Eine Anleitung zum mitfühlenden Leben.* 2003 Aurum Verlag

Robert Fritz: *Creating: A practical guide to the creative process and how to use it to create anything – a work of art, a relationship, a career or a better life.* 1993 Ballantine Books

Jon Kabat-Zinn: *Gesund durch Meditation: Das große Buch der Selbstheilung mit MBSR.* 2013 Knaur TB

Jon Kabat-Zinn: *Gesund durch Meditation.* 6. Auflage, 2009 Fischer TB.

Jon Kabat-Zinn: *Zur Besinnung kommen. Die Weisheit der Sinne und der Sinn der Achtsamkeit in einer aus den Fugen geratenen Welt.* 2008 Arbor Verlag

Tom und David Kelley: *Kreativität & Selbstvertrauen: Der Schlüssel zu Ihrem Kreativitätsbewusstsein.* 2014 Verlag Hermann Schmidt

Edel Maex: *Mindfulness. Der achtsame Weg durch die Turbulenzen des Lebens.* 2009 Arbor Verlag

Jeffrey Schwartz und Rebecca Gladding: *Du bist mehr als dein Gehirn. Die Vier-Schritt-Lösung, um Gewohnheitsmuster zu durchbrechen, ungesunde Denkweisen abzulegen und Kontrolle über das Leben zu gewinnen.* 2012 Arbor Verlag

Ronald D. Siegel: *Achtsamkeit als Weg. Wie wir den Unwägbarkeiten des Lebens achtsam begegnen können.* 2011 Arbor Verlag.

REGISTER

IMPRESSUM

© 2015 GRÄFE UND UNZER
VERLAG GmbH, München

Alle Rechte vorbehalten. Nach-
druck, auch auszugsweise, sowie
Verbreitung durch Bild, Funk,
Fernsehen und Internet, durch
fotomechanische Wiedergabe,
Tonträger und Datenverarbei-
tungssysteme jeder Art nur mit
schriftlicher Genehmigung des
Verlages.

Projektleitung: Birgit Reiter

Lektorat: Ulrike Schöber,
Dortmund

Bildredaktion:
Henrike Schechter

**Umschlaggestaltung
und Layout:** independent
Medien-Design, Horst Moser,
München

Herstellung: Susanne Mühldorfer

Satz: Uhl & Massopust, Aalen

Repro: Longo AG, Bozen

Druck & Bindung: Drukarnia
Dimograf, Polen

Gedruckt auf Galaxi Supermat,
exklusiv bei der Papier Union.

ISBN 978-3-8338-4321-1

2. Auflage 2016

Bildnachweis
Covermotiv: Hanna Albrekston
Illustrationen: Martin Burgdorff,
Hamburg

Syndication:
www.jalag-syndication.de

Wichtiger Hinweis
Die Gedanken, Methoden und
Anregungen in diesem Buch stellen die Meinung bzw. Erfahrung
des Verfassers dar. Sie wurden
vom Autor nach bestem Wissen
erstellt und mit größtmöglicher
Sorgfalt geprüft. Sie bieten jedoch
keinen Ersatz für persönlichen
kompetenten medizinischen Rat.
Jede Leserin, jeder Leser ist für
das eigene Tun und Lassen auch
weiterhin selbst verantwortlich.
Weder Autor noch Verlag können
für eventuelle Nachteile oder
Schäden, die aus den im Buch
gegebenen praktischen Hinwei-
sen resultieren, eine Haftung
übernehmen.

Umwelthinweis
Dieses Buch wurde auf PEFC-
zertifiziertem Papier aus nachhal-
tiger Waldwirtschaft gedruckt.

Liebe Leserin, lieber Leser,

haben wir Ihre Erwartungen erfüllt?
Sind Sie mit diesem Buch zufrieden? Haben Sie weitere Fragen zu
diesem Thema? Wir freuen uns auf
Ihre Rückmeldung, auf Lob, Kritik
und Anregungen, damit wir für Sie
immer besser werden können.

GRÄFE UND UNZER Verlag
Leserservice
Postfach 86 03 13
81630 München
E-Mail:
leserservice@graefe-und-unzer.de

Telefon: 00800 / 72 37 33 33*
Telefax: 00800 / 50 12 05 44*
Mo–Do: 9.00 – 17.00 Uhr
Fr: 9.00 – 16.00 Uhr
(* gebührenfrei in D, A, CH)

Ihr GRÄFE UND UNZER Verlag
Der erste Ratgeberverlag – seit 1722.

 www.facebook.com/gu.verlag

GRÄFE
UND
UNZER

Ein Unternehmen der
GANSKE VERLAGSGRUPPE